移り変わる家族法

家族法

― 家族法 30 年の歩み ―

平田 厚 ［著］

発行 恒春閣

はしがき

　このところ、家族法改正が毎年のように続いている。家族法とは、民法典の第4編親族及び第5編相続の総称であるが、民法典は民事法の基本法典として、そう頻繁に改正すべきものではないという考え方が支配的であった時代は、昭和時代の終わりとともに終わりを告げたようである。民法典という基本法典の機能自体が変わったのかもしれない。

　また、家族法に関する重要判例も昭和時代の末までに出そろった感はあったのであるが、新しい判例が次々と現れている。現在の家族法判例百選である『民法判例百選Ⅲ親族・相続［第3版］』（有斐閣、2023年）には、文字通り100の判例が掲載されているが、昭和時代のものが44、平成時代のものが54、令和時代のものが2という内訳となっている。

　つまり、立法や解釈において、家族法は現在も激動期にある。そのような激動期にある家族法の変遷状況を的確に把握しておかなければ、家族法の適切な運用を確保していくことはできないであろう。特に、家族法紛争においてその渦中に置かれる子どもの利益を確保することは困難となるにちがいない。家族法の適切な運用を確保していくために、法律実務家は、日々勉強していかなければならない。

　本書は、家族法の実務と研究に携わってきた筆者がこの約30年にわたる家族法の激動状況を解説しようとした試みである。その中で、筆者も法制審議会民法成年年齢部会等の幹事として民法改正にかかわった。まさに家族法の激動状況を肌で感じられる貴重な経験であった。平成8年の民法改正案要綱は、その当時としては画期的な内容を持つものであったが、それゆえに法案として国会では審議されなかった。家族法は、最も政治に翻弄されやすい法律なのである。しかし、その後の約30年の間に、右往左往しつつもその内容は実現されてきたのである。したがって、本書では、平成8年民法改正案要綱を出発点として、約30年間にわたる家族法の移り変わりを解説したいと思う。

··· 目　　次 ···

1898（明治31）年に明治民法が制定されてから126年、第二次世界大戦敗戦後の1947（昭和22）年に現行民法へと改正されてから77年を経過してきた。明治民法は、大日本帝国憲法のもとで「家のための民法」という色合いが強いものであったが、現行民法は、日本国憲法のもとで「個人のための民法」として再スタートした。

　しかし、1947（昭和22）年の現行民法への改正作業は、非常に短期間に行うことを強いられたため、家制度から脱却する必要最小限の作業に費やされたのであって、必ずしも十分なものとはいえないものであった。また、その後の高度経済成長の進展やバブル経済の崩壊などの社会経済状況の変化も著しく、さらに見直すべき規定も検討されるところとなった。

　そして、法定相続分の変更、寄与分制度の導入、特別養子制度の導入の改正作業などが行われたが、1996（平成8）年には、法制審議会が親族法の全体的な改正を答申するに至った。それが平成8年の「民法の一部を改正する法律案要綱」（以下、「平成8年民法改正案要綱」という。）であり、次の表のような内容のものであった。なお、戸籍法の改正と経過措置は省いている。

《平成8年民法改正案要綱》

第1　婚姻

　1　婚姻年齢：満18歳とする。

　2　再婚禁止期間：100日とする。

　3　夫婦の氏：選択的別氏制度の導入（子の氏は婚姻の際に決定）

　4　子の氏：上記3と連動（嫡出子の氏、養子の氏、子の氏の変更）

　5　夫婦間の契約取消権：民法754条の削除

第2　離婚

　1　面会交流・養育費分担等の定め：民法766条の改正

　2　離婚後財産分与：2分の1ルールの導入

　　　3　裁判離婚：5年での破綻ルールの導入

　　　4　精神病離婚（民法770条1項4号）の削除

　第3　失踪宣告

　　　1　失踪宣告の取消しによる前婚解消規律の新設

　　　2　失踪宣告の取消しと親権規律の新設

　第4　相続

　　　1　嫡出でない子の相続分の平等化

　ところが、平成8年民法改正案要綱は、一部の国会議員などの反発に遭い、国会に一度も上程されることなく、お蔵入りとなってしまった。その反発に遭った中心的な論点が夫婦別氏制度の導入だったのである。したがって、夫婦別氏制度の導入以外の民法改正検討事項は、その後の最高裁判決や民法改正によって、実現されたものが多い。それは次の表のとおりであるが、そのような意味で、平成8年民法改正案要綱は、家族法改正のターニング・ポイントとなっている。

《民法改正検討事項の経緯》

　第1　婚姻

　　　1　婚姻年齢：18歳とする。

　　　　⇒　平成30年6月13日に18歳に改正（令和4年4月1日施行）

　　　2　再婚禁止期間：100日とする。

　　　　⇒　最判平成27年12月16日により6カ月は違憲と判断

　　　　⇒　平成28年6月1日：100日に改正（同月7日施行）

　　　　⇒　令和4年12月10日：再婚禁止期間（民法733条）を削除（令和6年4月1日施行）

　　　3　夫婦の氏：選択的別氏制度の導入（子の氏は婚姻の際に決定）

⇒　現在も検討中

　4　子の氏：上記3と連動（嫡出子の氏、養子の氏、子の氏の変更）

　　　⇒　現在も検討中

　5　夫婦間の契約取消権：民法754条の削除

　　　⇒　令和6年5月17日：民法754条を削除（未施行）

第2　離婚

　1　面会交流・養育費分担等の定め：民法766条の改正

　　　⇒　平成23年6月3日：面会交流・養育費分担等の明文化（平成24年4月1日施行）

　2　離婚後財産分与：2分の1ルール

　　　⇒　家裁実務による事実上の導入

　　　⇒　令和6年5月17日：2分の1ルールの導入、考慮要素の明確化、民法768条3項の改正（未施行）

　3　裁判離婚：5年での破綻ルール、精神病離婚（民法770条1項4号）の削除等

　　　⇒　令和6年5月17日：精神病離婚（民法770条1項4号）を削除（未施行）

第3　失踪宣告

　1　失踪宣告による婚姻の解消

　　　⇒　学説が分かれており、解釈に委ねられている。

　2　失踪宣告の取消しと親権

　　　⇒　学説が分かれうるところであり、解釈に委ねられている。

第4　相続

　1　嫡出でない子の相続分を平等化

　　　⇒　最決平成25年9月4日により不平等条項は違憲と判断

　　　⇒　平成25年12月5日：不平等条項を削除する改正（同月11日施行）

　それでは、それ以外の家族法に関する改正は、この30年の間にどのように推移したのであろうか。その項目だけを挙げておくと（なお、法令名は一覧性を重視して略称を使用する。正式法令名は、以下の各章で述べることとする）、次表のようになる。このうち、2004（平成16）年の現代語化の改正については、実質的な改正は含まれていない。民法財産法はそれまで文語体・カタカナ書き・旧仮名遣いであったが、家族法は1947（昭和22）年の民法改正時に口語体・ひらがな書き・新仮名遣いとなっていたため、若干の用語置換え（たとえば、「世帯数」を「戸数」に、「始祖」を「祖先」に、「特有財産」「推定を「○○に改正」など）、用語の定義の新設（たとえば、「満○歳」「推定相続人」「遺贈義務者」などの定義規定の新設）などが行われただけである（詳細は、池田真朗編『新しい民法―現代語化の経緯と解説』（有斐閣、2005年）103頁以下［本山敦執筆］を参照されたい。）。

　以下の章では、平成8年民法改正案要綱に始まる30年間の家族法改正の変遷について、婚姻法・離婚法・親子法・親権法・後見法・法定相続法・遺言法の分野に分け、それぞれの分野における法改正と判例の解説を行うことによって、30年間にわたる家族法の長期的な変遷傾向及び直近の法改正等に基づく短期的な変遷状況について考えてみたい。

《平成8年民法改正案要綱後の家族法の変遷一覧》

年	主な法制定・法改正
1999（平成11）年	民法改正（成年後見制度） 任意後見契約法制定
2000（平成12）年	児童虐待防止法制定
2001（平成13）年	ＤＶ防止法制定
2003（平成15）年	人事訴訟法制定 性同一性障害特例法制定

2004（平成16）年	厚生年金保険法改正（年金分割制度） 民法改正（現代語化）
2011（平成23）年	児童虐待防止に向けた民法改正（親権停止制度等） 家事事件手続法制定（子ども手続代理人制度）
2013（平成25）年	ハーグ条約実施法制定 民法改正（嫡出でない子の相続分）
2016（平成28）年	民法改正（再婚禁止期間100日） 成年後見制度利用促進法制定 民法改正（成年後見事務円滑化法制定）
2018（平成30）年	人事訴訟・家事事件の国際裁判管轄改正 民法改正（成年年齢） 相続法改正（配偶者居住権制度、預金債権の特則、遺言執行等）
2019（令和元）年	民法改正（特別養子） 民事執行法改正（財産開示制度等）
2020（令和2）年	生殖補助医療法制定
2021（令和3）年	民法改正（所有者不明土地、相続財産管理）
2022（令和4）年	親族法改正（再婚禁止期間廃止、嫡出推定、嫡出否認、認知等）
2023（令和5）年	公正証書遺言のデジタル化（公証人法改正） LGBT理解増進法制定
2024（令和6）年	家族法改正（選択的離婚後共同親権制度、法定養育費制度、第三者交流制度等） 民法改正（成年後見）の検討開始（障害者権利条約の総括所見）

　以上の法改正等のうち、2018（平成30）年の相続法改正、2022（令和4）年の親族法改正、2024（令和6）年の家族法改正は、それぞれ大改正に該当するため、個別の内容に関しては、本書の各章ごとに取り上げることとするが、まずはおおまかな改正の骨子を以下に掲げておくこととする。

《平成30年相続法改正》

1　配偶者居住権の保護方策

　(1)　配偶者短期居住権の保障（1037条〜1041条）

　(2)　配偶者居住権制度の創設（1028条〜1036条）

2　遺産分割の見直し

　(1)　配偶者保護のための持戻し免除の意思推定（903条4項）

　(2)　預貯金の仮払い制度の創設（909条の2等）

　(3)　一部分割の明文化（907条に文言追加）

　(4)　遺産分割前の財産処分の場合の規律の明文化（906条の2）

3　遺言制度の見直し

　(1)　自筆証書遺言の目録要件緩和（968条2項）

　(2)　自筆証書遺言の保管制度（法務局における遺言書の保管等に関する法律）

　(3)　遺贈の担保責任規定の明文化（998条の修正、1000条の削除）

　(4)　遺言執行者の権限の明確化（1007条、1012条、1014条2項〜4項、1015条・1016条の修正）

4　遺留分制度の見直し

　(1)　遺留分権行使の効果の金銭債権化（1046条）

　(2)　遺留分算定方法の特別受益分の減縮等の見直し（1044条2項・3項）

　(3)　遺留分侵害額の算定における債務消滅の規律明文化（1047条）

5　相続の効力等の見直し

　(1)　指定相続分も無権利の法理ではなく対抗問題とする明文化（899条の2）

　(2)　相続債権者が法定相続分で権利行使できることの明文化（902

条の２）

　(3)　遺言執行者がある相続財産処分は無効の法理を維持しつつも善意の第三者には対抗できないとすることの明文化（1013条の修正）

6　相続人以外の者の貢献を考慮するための方策の明文化

　・特別寄与料（1050条）

《令和４年親族法改正》

1　懲戒権の見直し

　(1)　懲戒権規定の削除（822条の削除）

　(2)　親権者規律の新設（821条）

2　嫡出推定の見直しと再婚禁止期間の廃止

　(1)　妻が婚姻前に懐胎・婚姻成立後の出生子は夫の子と推定（772条１項の改正）

　(2)　婚姻成立日から200日以内の出生子は婚姻前の懐胎と推定（772条２項の改正）

　(3)　２以上の婚姻をしていたときは直近の婚姻における夫の子と推定（772条３項）

　(4)　嫡出否認された場合には直近の婚姻から否認された夫を除く（772条４項）

　(5)　再婚禁止期間の廃止（733条の削除）

　(6)　再婚禁止期間違反の婚姻取消は削除（743条、744条２項の改正、746条の削除）

3　嫡出否認制度の見直し

　(1)　否認権者の拡大（774条）

- (2)　嫡出否認の訴えの見直し（775条）
- (3)　嫡出の承認の見直し（776条）
- (4)　嫡出否認の訴えの出訴期間の伸長（777条〜778条の２）
- (5)　父の監護費用の償還の制限（778条の３）
- (6)　相続開始後の嫡出否認による推定子の価額支払請求権（778条の４）
  - ⇒　併せて、人事訴訟法・家事事件手続法も改正

4　生殖補助医療法の見直し

- (1)　子または妻も嫡出否認できないことを追加（生殖補助10条）

5　認知制度の見直し

- (1)　認知無効の訴えの出訴期間７年に制限（786条１項）
- (2)　同居期間が３年を下回る場合の子の認知無効の訴えは21歳まで可能（786条２項）
- (3)　子の法定代理人による786条２項の訴えは不可（786条３項）
- (4)　認知無効による父の監護費用の償還の制限（786条４項）
  - ⇒　併せて、人事訴訟法・家事事件手続法も改正

《令和６年家族法改正》（未施行）

第１　親子関係に関する基本的な規律

- 1　親権の有無に関わらない父母の責務等の明確化（817条の12）
- 2　親権の性質の明確化（818条１項）

第２　親権及び監護等に関する規律

- 1　親権行使に関する規律（824条の２）
  - (1)　単独行使が可能な場合（824条の２第１項）
  - (2)　日常行為の単独行使（824条の２第２項）

第1章
婚　姻

① 婚姻の成立要件

　婚姻の成立要件は、①婚姻意思の合致、②婚姻障害事由の不存在、③届出の３つである。①の婚姻意思の合致については、民法には規定がない。憲法24条１項に「婚姻は、両性の合意のみに基づいて成立」すると規定しており、重ねて民法に規定する必要がないからである。

　なぜ民法で定めるべきことを憲法で定めるかというと、明治民法では、絶対的要件ではなかったにしても、婚姻の成立要件として、「戸主の同意」が必要だったのであり（明治民法750条）、国会議員が民法改正によって戸主権限などの復古主義的立法を行うことを阻止するために、そう簡単に改正できない憲法で婚姻の要件を定めることとしたのである。したがって、憲法24条１項は、同性婚を否定する趣旨など全く有しておらず、戸主権限を否定する趣旨を有しているにすぎない。憲法24条１項を改正しないと同性婚が認められないというのは全くのデマである。③の届出については、変わりはない。

　婚姻の成立要件の変遷についてまとめておくと、次のようになる。

《婚姻成立要件の変遷》

① 　婚姻意思の合致（憲法24条１項）

　⇒ 　同性婚制度の導入は今後の課題である。

② 　婚姻障害事由の不存在

　㋐ 　婚姻適齢（民法731条）

　　⇒ 　平成８年民法改正案要綱で18歳に統一すべきと提案

　　⇒ 　平成30年６月13日：18歳に改正（令和４年４月１日施行）

　㋑ 　重婚の禁止（732条）

　㋒ 　再婚禁止期間（733条）

⇒　最判平成27年12月16日：6カ月は違憲

⇒　平成28年6月1日：100日に改正（平成28年6月7日施行）

⇒　令和4年12月10日：733条を削除（令和6年4月1日施行）

㋓　近親者間の婚姻の禁止（734条）

㋔　直系姻族間の婚姻の禁止（735条）

㋕　養親子間の婚姻の禁止（736条）

㋖　未成年者の婚姻についての父母の同意（737条）

⇒　平成30年6月13日：737条を削除（令和4年4月1日施行）

③　届出

② 婚姻障害事由の不存在

　この30年間における婚姻法のテーマは、婚姻障害事由の範囲についてであった。婚姻障害事由とは、婚姻の成立を制限する事由であり、㋐婚姻適齢、㋑重婚の禁止、㋒近親婚の禁止、㋓再婚禁止期間内の婚姻の禁止の4つがあった。このうち、㋐の婚姻適齢については、男18歳・女16歳とされており（旧731条）、平成8年民法改正案要綱でも平等化が求められていたが、2018（平成30）年の民法改正（成年年齢引下げ）によって、男女とも18歳とされた（現731条）。この点に関する詳細は、拙著『これで納得！成年年齢　18歳成人論の意味と課題』（ぎょうせい、2009年）を参照されたい。

(1)　重婚の禁止と失踪宣告

　㋑の重婚の禁止は、条文自体に変化はないが（現732条）、平成8年民法改正案要綱では、失踪宣告の取消しによって重婚関係が成立してしまった場合の規律の新設が求められていた。民法32条1項では、失踪宣告の取消しは、善意の行為の効力に影響を及ぼさないと規定されているため、これが重婚状

態にも適用されるかどうかが問題となる。

　婚姻との関係でも民法32条１項を適用して、善意か悪意かで区別するのか、それとも、婚姻との関係では民法32条１項は適用しないで、前婚または後婚を解消するのか、後婚のみを有効とするのかについて、学説は分かれている（詳細は、山野目章夫編『新注釈民法(1)』（有斐閣、2018年）621頁以下［河上正二執筆］を参照されたい。）。平成８年民法改正案要綱は、失踪宣告が取り消されても前婚は復活しないという明文規定を設けるという提案であったが、これは実現していないため、現在もこの論点に関しては解釈に委ねられている。

(2)　父母の同意要件の削除

　㋒の近親婚の禁止も変わりはない（現734条〜736条）。なお、未成年者の婚姻については父母の同意が要件とされていたが、2018（平成30）年の民法改正（成年年齢の引下げ）によって、成年年齢が18歳と引き下げられて婚姻適齢も18歳に統一された結果、未成年者の婚姻がなくなったため、父母の同意要件を定めていた旧737条は削除された。

　婚姻年齢を単に18歳に統一するだけでよいのかどうかについては、法制審議会部会でも議論となった。平成８年民法改正案要綱でもこの点は18歳に統一すべきだと指摘されていたところではある。しかし、16歳、17歳で婚姻する女性の数は、1996（平成８）年では、合計2,836名であり、近年は減少傾向にあるとはいえ、2017（平成29）年でも、1,044名であったとの人口動態調査の結果が示されていた（詳細は、笹井朋昭・木村太郎編著『一問一答・成年年齢引下げ』（商事法務、2019年）50頁を参照されたい。）。そうすると、年間1,000名程度の女性が婚姻できなくなる可能性がある。

　この1,000名が妊娠・出産したかどうかは不明であるが、おそらく妊娠したから婚姻に至っているのではないかと思われる。ところが婚姻適齢を18歳にして例外規定をもうけないとすると、1,000名の女性が困りはしないか気

になるところである。筆者は、法制審議会部会幹事として、18歳未満であっても家庭裁判所の許可（許可という名において母子支援の機会をもうけること）を得て婚姻できるという例外規定をもうけたほうがよいのではないかと提案したが、あえなく却下された（この点の理由等については、前掲の笹井朋昭・木村太郎編著『一問一答・成年年齢引下げ』55頁以下を参照されたい。）。

(3)　再婚禁止期間規定の変遷

㊁の再婚禁止期間内の婚姻の禁止に関しては、二転三転した。そもそも再婚禁止期間は、子どもの嫡出推定が重ならないように定められたものであった。嫡出推定が重なっても子どもは二人の父親がいることになるから得ではないかという意見もあったが、父親が二人となった場合に、二人とも父親としての責任を果たしてくれるなどと考えるのはお門違いである。たいていの場合は、二人とも「俺の子どもじゃない」と責任を拒否するだろう。子どもにとっては、嫡出推定は重要なのである。その点については、親子法の分野で説明する。

再婚禁止期間は、そういう意味では、一応の正当な立法目的を有していたともいえるだろう。しかし、旧規定では6カ月とされていたため、長すぎないかが問題となった。また、子どものためだからといって、男性は離婚後すぐに再婚できるのに女性はすぐには再婚できないという不平等を正当化できるかも問題である。子どもの福祉を図るほかの手段があるのであれば、何も女性だけに再婚禁止期間を強いる必要はないだろう。この点については、嫡出推定に順位をつけることで問題を解決することとなったので、親子法の分野で説明する。

再婚禁止期間が6カ月であったことに対しては、最高裁平成27年12月16日大法廷判決民集69巻8号2427頁が違憲判断を下した。この最高裁判決は、「本件規定の立法目的は、女性の再婚後に生まれた子につき父性の推定の重複を回避し、もって父子関係をめぐる紛争の発生を未然に防ぐことにあると

解するのが相当であり（中略）、父子関係が早期に明確となることの重要性に鑑みると、このような立法目的には合理性を認めることができる」としながらも、「本件規定のうち100日超過部分については、民法772条の定める父性の推定の重複を回避するために必要な期間ということはできない」として、「本件規定のうち100日超過部分が憲法24条2項にいう両性の本質的平等に立脚したものでなくなっていたことも明らか」であり、「憲法14条1項に違反するとともに、憲法24条2項にも違反するに至っていたというべきである」と判断した。

　これを受けて、民法733条に定める再婚禁止期間を6カ月から100日にする民法の一部を改正する法律が平成28年6月1日に成立し、同月7日に施行された。なお、この改正法は、平成8年民法改正案要綱において指摘されていた部分で、女が前婚の解消又は取消しの日以後に出産したときは、その出産日から再婚禁止期間を適用しないとするという提案も、改めて法制審議会を開催することなく、ここで立法化された。

　もっとも、この改正は、再婚禁止期間が6カ月というのは行き過ぎであるという裁判の結果を受けてなされたものであり、さらに進んで女性だけに再婚禁止期間を強いるのはどうかという根本問題については、持ち越されることとなった。そして、令和4年12月10日に民法等の一部を改正する法律が成立し、とうとう民法733条の再婚禁止期間の規定自体が削除されるに至った。この改正法は、令和6年4月1日に施行されている。

　民法733条1項の変遷は次のとおりである。

《民法733条1項の変遷》

2016（平成28）年改正前：女は、前婚の解消又は取消しの日から<u>6箇月</u>を経過した後でなければ、再婚をすることができない。

2016（平成28）年改正：女は、前婚の解消又は取消しの日から<u>起算して100日</u>を経過した後でなければ、再婚をすることができない。

⇩

2022（令和4）年改正：削除

 ## 3　婚姻の効果

　婚姻の効果については、①人格的効果、②財産的効果、③その他の効果に分けて論じられるのが通常である。この30年間における家族法の変遷では、婚姻の効果に関する変化はそれほど大きくない。なぜなら、この分野において最も大きな改正対象は、夫婦別氏制度の導入にほかならないからである。現実的に改正されたのは、民法754条の夫婦間の契約取消権規定の削除くらいである。

　婚姻の効果に関してまとめておくと、次のようになる。

《婚姻の効果》
① 　人格的効果
　㋐　同居・協力・扶助義務（民法752条）
　㋑　貞操義務（770条1項1号）
　㋒　契約取消権（754条）
　　⇒　令和6年5月17日：754条を削除（未施行）
② 　財産的効果
　㋐　夫婦財産契約（755条〜759条）
　㋑　法定夫婦財産制
　　・婚姻費用分担（760条）
　　・日常家事債務の連帯責任（761条）

・夫婦別産制と共有推定（762条）

③　その他の効果

㋐　相続権の発生（890条）

㋑　子の嫡出性の付与（772条）

㋒　氏の共通（750条）

⇒　平成8年民法改正案要綱で選択的夫婦別氏制度の導入が提案

⇒　選択的夫婦別氏制度の導入はいまだ検討中

㋓　親族関係の発生（725条2号）

(1)　人格的効果

　人格的効果に関して、㋐の同居・協力・扶助義務については、婚姻の中核的な効果であることに疑いはない。したがって、多数説は、民法752条を強行規定と解しているが、同居しないような婚姻の多様性も認めるべきではないかと思われる。例えば、内縁関係に基づかない臨終婚や死刑囚の婚姻なども婚姻として有効として認めるべきではないだろうか。単身赴任等に基づく別居婚なども婚姻として有効である。多数説でも、別居婚は正当の理由がある場合には有効であるとしている。そうだとすれば、民法752条は任意規定的要素を含んでいるといえよう。

　㋑の貞操義務については、最判平成8年3月26日民集50巻4号993頁が出されている。その事案は次のとおりである。Xと配偶者Aとの間には長女と長男が出生していたが、両者の夫婦関係は次第に悪化し、XがAに対して夫婦関係調整調停を申し立てたがAの不出頭によって取り下げられた。その後は、Aが入院手術したことをきっかけにAがXと別居して第三者Yと同棲するに至り、YはAとの間の子を出産してAがその子を認知しているところ、Xは、Yに対し、不貞行為を理由として損害賠償を請求したというものである。

　これについて最高裁は、Xの保護法益は「婚姻共同生活の平和の維持という権利又は法的保護に値する利益」としたうえで、「Xの配偶者Aと第三者

Yが肉体関係を持った場合において、XとAとの婚姻関係がその当時既に破綻していたときは、特段の事情のない限り、Yは、Xに対して不法行為責任を負わないものと解するのが相当である。けだし、YがAと肉体関係を持つことがXに対する不法行為となる（略）のは、それがXの婚姻共同生活の平和の維持という権利又は法的保護に値する利益を侵害する行為ということができるからであって、XとAとの婚姻関係が既に破綻していた場合には、原則として、Xにこのような権利又は法的保護に値する利益があるとはいえないからである。」と判断した。

　したがって、不貞行為の相手方に対する損害賠償請求訴訟においては、その訴訟物は、貞操請求権侵害に基づく慰謝料請求権ではなく、婚姻共同生活の平和維持請求権侵害に基づく慰謝料請求権であるということになると思われる。また、被告側の反論としては、もれなく「婚姻関係はすでに破綻していたから法益侵害はない」という抗弁が出されることとなろう。

　この事案を図示すると、【図1】のようになる。

[図1]

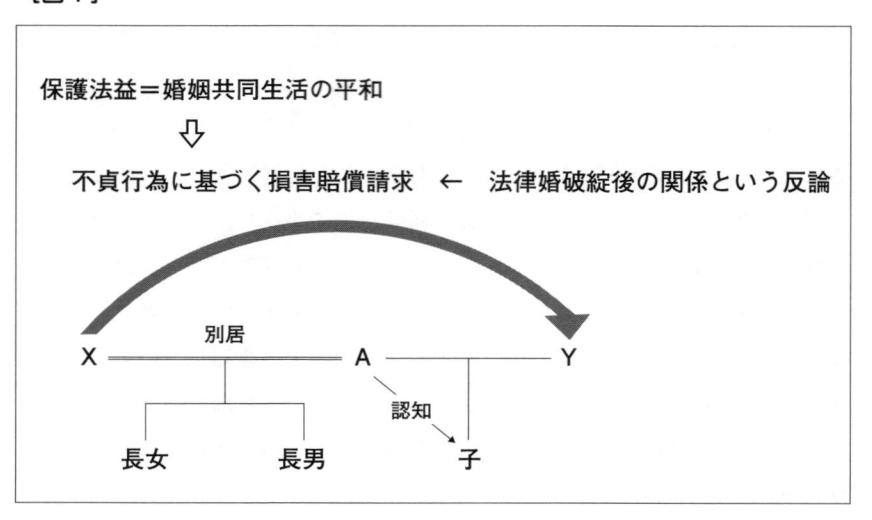

　㋤の契約取消権については、立法趣旨としては、フランスの夫婦間売買禁止や贈与取消権を参考に、夫婦間での力関係の不均衡等から契約がなされることがあることに着目して、そこに国家が介入して家庭の平和を害するのは好ましくないため、夫婦間での契約の拘束力を否定するというものである。

　しかし、夫婦間での平和や自律（オートノミー）を尊重するのであれば、あえて民法に契約取消権を規定して、私的自治を否定する必要性はないはずである。夫婦間での力関係の不均衡がある場合、夫婦関係が破綻したときには、力の強い者は力の弱い者に契約取消権を行使させないだろうし、力の強い者は力の弱い者との契約を簡単に取り消すだろう。夫婦間での力関係に不均衡がない場合、夫婦関係が破綻したときには、国家が介入する必要性も高いのであって、制度自体の合理性を欠いている。したがって、判例も夫婦関係が破綻した後には契約取消権は行使できないと限定解釈してきた（最判昭和42年2月2日民集21巻1号88頁）。

　平成8年民法改正案要綱でも契約取消権制度の廃止が提案されていたところであったが、このたび令和6年5月17日成立の民法改正によって、民法754条が削除されることとなった。この改正の施行時期は、同年5月24日の公布の日から起算して2年を超えない範囲内において政令で定める日となっている。

(2)　**財産的効果**

　財産的効果に関しては、民法762条1項の夫婦別産制と同条2項の共有推定とをどのように解すべきか、特に高度経済成長下で専業主婦婚が進展したことにより、専業主婦である妻は、相続等によるのでなければ、自己の名で財産を得られる可能性は低い。もし所得がない場合に専業主婦である妻名義の財産を形成して税務署に捕捉されれば、もれなく贈与税が課税されてしまうことになる。したがって、専業主婦のシャドウワークを法的にどのように評価できるのかが問題となってきたのである。

　この点について過去の判例は、一貫して民法762条を文言通りに解釈して
きており、専業主婦である妻の夫の所得によって得た財産は、すべて夫の自
己の名で得た財産として夫の特有財産となるとしている。もっともこの点に
関しては、近年、性的役割分担を固定化させないためにそれでもよいのでは
ないかとの考え方も示されて混沌とした状況にある。そこで「最高裁判例は
周回遅れで時代に適合しつつある」とも評されている（前田陽一・本山敦・
浦野由紀子『民法Ⅵ［第7版］』（有斐閣、2024年）71頁［前田陽一執筆]）。
いずれにしても、この点については、平成8年民法改正案要綱で示されてい
た離婚財産分与における2分の1ルールを採用すべきかどうかにもかかわっ
てくる問題であるため、離婚の分野で再説することとする。

⑶　その他の効果

　その他の効果で最も大きな論点は、選択的夫婦別氏制度の導入である。現
行民法では、民法750条が夫婦同氏の原則を定めているため、夫婦別氏は認
められない。この点について、平成8年民法改正案要綱は、次のように選択
的夫婦別氏制度の導入を提案していた。

> **平成8年民法改正案要綱　第3**
> 1　夫婦は、婚姻の際に定めるところに従い、夫若しくは妻の氏を称
> 　し、又は各自の婚姻前の氏を称するものとする。
> 2　夫婦が各自の婚姻前の氏を称する旨の定めをするときは、夫婦は、
> 　婚姻の際に、夫又は妻の氏を子が称する氏として定めなければなら
> 　ないものとする。

　しかし、上記のような提案に対して、一部の国会議員などが強烈に拒否感
を示したのである。その理由はさまざまであるが、㋐夫婦同氏が日本社会に
定着した制度であること、㋑氏は個人の自由の問題ではなく、公的制度の問

題であること、⑦家族が同氏となることで夫婦・家族の一体感が生まれ、子の利益にも資することなどが挙げられている。

　夫婦同氏が日本社会に定着した制度であるといっても、100年程度の歴史しかない制度である。また、氏は公的制度であるといっても、選択的に氏を選ぶことに他人が口出しすることのほうが問題があるように思われる。別氏によって何か違法行為を隠蔽するような効果があるのであれば慎重に考えるべきであろうが、合理的な理由もなく他人の自由を拘束するような批判をすべきではないだろう。家族の一体感もよく主張されるところであるが、本当に氏で一体感が生まれているのだろうか。明治以来の著名人には、柳田國男や有島武郎などのように、氏を異にしている兄弟姉妹が存在している者も多いように思われる。法律で強制しなければならない一体感や絆は法的に保護すべきものなのだろうか。選択的夫婦別氏制度に反対するのは、「妻や嫁を服従させにくくなるから許せない」という旧家制度の意識以外の何ものでもないように思われる。

　民法750条が定める夫婦同氏制度は、憲法13条、14条1項、24条1項及び2項等に違反すると主張し、本件規定を改廃する立法措置をとらないという立法不作為の違法を理由に、国家賠償法1条1項に基づく損害賠償請求がなされた事案では、最高裁は合憲であるとの結論を出した（最大判平成27年12月16日民集69巻8号2586頁）。

　その判旨は、「現行の法制度の下における氏の性質等に鑑みると、婚姻の際に『氏の変更を強制されない自由』が憲法上の権利として保障される人格権の一内容であるとはいえない。本件規定は、憲法13条に違反するものではない」としながらも、「氏が、名とあいまって、個人を他人から識別し特定する機能を有するほか、人が個人として尊重される基礎であり、その個人の人格を一体として示すものでもあることから、氏を改める者にとって、そのことによりいわゆるアイデンティティの喪失感を抱いたり、従前の氏を使用する中で形成されてきた他人から識別し特定される機能が阻害される不利益

や、個人の信用、評価、名誉感情等にも影響が及ぶという不利益が生じたりすることがあることは否定できず、特に、近年、晩婚化が進み、婚姻前の氏を使用する中で社会的な地位や業績が築かれる期間が長くなっていることから、婚姻に伴い氏を改めることにより不利益を被る者が増加してきていることは容易にうかがえるところである」という理解も示している。

　そして、「これらの婚姻前に築いた個人の信用、評価、名誉感情等を婚姻後も維持する利益等は、憲法上の権利として保障される人格権の一内容であるとまではいえないものの、後記のとおり、氏を含めた婚姻及び家族に関する法制度の在り方を検討するに当たって考慮すべき人格的利益であるとはいえるのであり、憲法24条の認める立法裁量の範囲を超えるものであるか否かの検討に当たって考慮すべき事項であると考えられる」とも判示している。

　また平等の観点からは、「氏の選択に関し、これまでは夫の氏を選択する夫婦が圧倒的多数を占めている状況にあることに鑑みると、この現状が、夫婦となろうとする者双方の真に自由な選択の結果によるものかについて留意が求められるところであり、仮に、社会に存する差別的な意識や慣習による影響があるのであれば、その影響を排除して夫婦間に実質的な平等が保たれるように図ることは、憲法14条1項の趣旨に沿うものであるといえる。そして、この点は、氏を含めた婚姻及び家族に関する法制度の在り方を検討するに当たって考慮すべき事項の一つというべきであり、後記の憲法24条の認める立法裁量の範囲を超えるものであるか否かの検討に当たっても留意すべきものと考えられる」とも述べている。

　そうしたうえで、「以上の点を総合的に考慮すると、本件規定の採用した夫婦同氏制が、夫婦が別の氏を称することを認めないものであるとしても、上記のような状況の下で直ちに個人の尊厳と両性の本質的平等の要請に照らして合理性を欠く制度であるとは認めることはできない。したがって、本件規定は、憲法24条に違反するものではない」と結論づけるに至った。

　なお、この最高裁判決は、「論旨には、夫婦同氏制を規制と捉えた上、こ

れよりも規制の程度の小さい氏に係る制度（例えば、夫婦別氏を希望する者にこれを可能とするいわゆる選択的夫婦別氏制）を採る余地がある点についての指摘をする部分があるところ、上記(1)（筆者注：前段落引用部分に相当）の判断は、そのような制度に合理性がないと断ずるものではない。上記のとおり、夫婦同氏制の採用については、嫡出子の仕組みなどの婚姻制度や氏の在り方に対する社会の受け止め方に依拠するところが少なくなく、この点の状況に関する判断を含め、この種の制度の在り方は、国会で論ぜられ、判断されるべき事柄にほかならないというべきである」と付言しており、今後も社会状況の変化等を受けて、立法不作為の不合理性が追及されることとなろう。もっとも、この多数意見には5名の裁判官の反対意見（女性裁判官3名を含む。）があったのであるが、その後の最大決令和3年6月23日判時2501号3頁では、3名（女性裁判官は1名のみ。）の反対意見しか付されていない。

　また、平成8年民法改正案要綱では、婚姻時に将来の子どもの氏をすべて決めておく（事後的変更の余地はあるとしても）という制度設計であって、そのような制度設計には少し抵抗感がある。なぜなら、身体的に子どもをつくれない夫婦にとっては、婚姻届出時に将来生まれてくるかもしれない子どもの氏を決めて提出せよというのは酷にすぎる。また、子どもをつくらない夫婦にとっては、余計なお世話にもなるだろう。平成8年の法制審議会の先生方がさまざまな批判の中で苦肉の策として結論を出したのであろうことは容易に想像できるところではあるのだが、それから30年近く経過し、社会的な受け止め方も婚姻夫婦の意識も変化してきたであろうから、改めて子の氏に関する議論をしてもよいように思われる。法制審議会の結論に対する事情変更の原則の適用といえようか。

④ 同性婚の問題

(1) 性同一性障害特例法の問題

　今後の課題として大きいのは、同性婚制度の導入問題である。

　性別の取扱いの変更審判を受けて行う同性婚は、性同一性障害特例法（正式名称は、「性同一性障害者の性別の取扱いの特例に関する法律」）によって認められている。しかし、性別の取扱いの変更審判を受けるためには、性同一性障害特例法3条1項の要件を充足しなければならないとされている。その3条の条文は次のようなものである。

性同一性障害特例法

（性別の取扱いの変更の審判）

第3条　家庭裁判所は、性同一性障害者であって次の各号のいずれにも該当するものについて、その者の請求により、性別の取扱いの変更の審判をすることができる。

　一　18歳以上であること。

　二　現に婚姻をしていないこと。

　三　現に未成年の子がいないこと。

　四　生殖腺（せん）がないこと又は生殖腺の機能を永続的に欠く状態にあること。

　五　その身体について他の性別に係る身体の性器に係る部分に近似する外観を備えていること。

　2　前項の請求をするには、同項の性同一性障害者に係る前条の診断の結果並びに治療の経過及び結果その他の厚生労働省令で定める事項が記載された医師の診断書を提出しなければならない。

　性別の取扱いの変更審判を受けるためには、この5つの要件を充足してい

なければならないため、かなりハードルが高いこととなるだけでなく、4号の生殖腺除去手術を受けなければならないという要件は、憲法13条に違反しているのではないかが争われ、最高裁が違憲決定を下した。それが性同一性障害特例法違憲決定（最大決令和5年10月25日判タ1517号67頁）である。

　この決定は、「生殖腺除去手術は、精巣又は卵巣を摘出する手術であり、生命又は身体に対する危険を伴い不可逆的な結果をもたらす身体への強度な侵襲であるから、このような生殖腺除去手術を受けることが強制される場合には、身体への侵襲を受けない自由に対する重大な制約に当たるというべきである。（中略）本件規定が必要かつ合理的な制約を課すものとして憲法13条に適合するか否かについては、本件規定の目的のために制約が必要とされる程度と、制約される自由の内容及び性質、具体的な制約の態様及び程度等を較量して判断されるべきものと解するのが相当である」として、「本件規定による身体への侵襲を受けない自由に対する制約は、上記のような医学的知見の進展に伴い、治療としては生殖腺除去手術を要しない性同一性障害者に対し、身体への侵襲を受けない自由を放棄して強度な身体的侵襲である生殖腺除去手術を受けることを甘受するか、又は性自認に従った法令上の性別の取扱いを受けるという重要な法的利益を放棄して性別変更審判を受けることを断念するかという過酷な二者択一を迫るものになったということができる。また、前記の本件規定の目的を達成するために、このような医学的にみて合理的関連性を欠く制約を課すことは、生殖能力の喪失を法令上の性別の取扱いを変更するための要件としない国が増加していることをも考慮すると、制約として過剰になっているというべきである。」と判断し、「本件規定による身体への侵襲を受けない自由の制約については、現時点において、その必要性が低減しており、その程度が重大なものとなっていることなどを総合的に較量すれば、必要かつ合理的なものということはできない。」として、「本件規定は憲法13条に違反するものというべきである」と判断したものである。

　なお、この違憲決定には、3名の最高裁裁判官（三浦守、草野耕一、宇賀

克也裁判官）によって、4号の手術要件だけでなく、5号の外観要件も違憲であるとの重要な反対意見が付されている。

　これは非常に大きな意味をもつ最高裁決定であり、今後、性同一性障害特例法の見直しが必須となるが、手術要件や外観要件が違憲となると、心理的には女性であっても身体的には男性である者が女性用の公衆浴場や女性トイレを利用できるのではないか、女性の安心感や羞恥心も法的保護に値する利益なのではないかとの批判も生じてくることとなろう。

　公衆浴場については、公衆浴場法3条で営業者は風紀に必要な措置を講じなければならないとされており、これを受けて地方自治体の条例において、男女の判断に関して身体的な特徴の性をもって「おおむね7歳以上の男女を混浴させない」等とされているため、あまり問題にはならないと思われる。

　しかし、女性トイレの利用については、難しい問題がある。最判令和5年7月11日民集77巻5号1171頁で問題となったのは、公衆用トイレではなく職場のトイレであって、職員の服務環境の適正を確保するという見地から考えられるべきものであった。

　生物学的な性別が男性であり性同一性障害である旨の医師の診断を受けている一般職の国家公務員である者が、その執務室がある階とその上下の階の女性トイレの使用を認められず、それ以外の階の女性トイレの使用を認める旨の処遇が実施されている場合において、当該公務員が、人事院に対し、国家公務員法86条に基づいて、職場のトイレの使用等に係る行政措置の要求をしたところ、いずれの要求も認められない旨の判定を受けたことから、本件判定の取消し等を求めたという事案において、最高裁は、裁量権の範囲を逸脱し又は濫用したものとして違法と判断した。

　具体的には、「上告人は、性同一性障害である旨の医師の診断を受けているところ、本件処遇の下において、自認する性別と異なる男性用のトイレを使用するか、本件執務階から離れた階の女性トイレ等を使用せざるを得ないのであり、日常的に相応の不利益を受けているということができる」のに対

し、「上告人は、健康上の理由から性別適合手術を受けていないものの、女性ホルモンの投与や《略》を受けるなどしているほか、性衝動に基づく性暴力の可能性は低い旨の医師の診断も受けている。現に、上告人が本件説明会の後、女性の服装等で勤務し、本件執務階から2階以上離れた階の女性トイレを使用するようになったことでトラブルが生じたことはない。また、本件説明会においては、上告人が本件執務階の女性トイレを使用することについて、担当職員から数名の女性職員が違和感を抱いているように見えたにとどまり、明確に異を唱える職員がいたことはうかがわれない」等とし、「以上によれば、遅くとも本件判定時においては、上告人が本件庁舎内の女性トイレを自由に使用することについて、トラブルが生ずることは想定し難く、特段の配慮をすべき他の職員の存在が確認されてもいなかったのであり、上告人に対し、本件処遇による上記のような不利益を甘受させるだけの具体的な事情は見当たらなかったというべきである。そうすると、本件判定部分に係る人事院の判断は、本件における具体的な事情を踏まえることなく他の職員に対する配慮を過度に重視し、上告人の不利益を不当に軽視するものであって、関係者の公平並びに上告人を含む職員の能率の発揮及び増進の見地から判断しなかったものとして、著しく妥当性を欠いたものといわざるを得ない」と判断して、「本件判定部分は、裁量権の範囲を逸脱し又はこれを濫用したものとして違法となるというべきである」と判断した。

　したがって、この最高裁判決のような事案においては、女子トイレを使用できなくなってしまうと、本人の不利益が大きすぎることとなるだろうが、そうでない事案においては、性別適合手術を受けていない者が自由に女性トイレを使用できるというわけではないこととなる。その区別の基準をどのように考慮するかの各論が重要となってくるだろう。

(2)　性別の取扱いの変更審判を受けていない者の同性婚の問題

　性別の取扱いの変更を行わない同性婚を許容するかどうかについては、地

方自治体による同性パートナーシップ制度の導入も進んでいる。同性パートナーシップ制度とは、地方自治体が同性カップルに対して、パートナーシップを証明したり、パートナーシップの宣誓を受け取ったりするなどの制度である。同性パートナーシップ証明書等を取得していれば、地方自治体ごとにその効果は異なっているが、①公営住宅への入居申込みが可能となる、②同性パートナーを受取人とする生命保険に加入することが可能となる、③同性パートナーと住宅ローンの借入れをすることが可能となる、④携帯電話等の家族割サービスの適用を受けることが可能となる、⑤クレジットカードの家族カードを取得することが可能となる、⑥証明書を発行した地方自治体の親族対象サービスを利用することが可能になるなどのメリットがあるとされている。

　しかしながら、同性婚が法律婚として認められていない以上、法的な親族関係は発生しないし、相続権も発生しない。したがって、民法が定めている親族関係に基づく法的効果は一切享受できないこととなる。令和5年6月16日には、議員立法として、いわゆるＬＧＢＴ理解増進法（正式名称は、「性的指向及びジェンダーアイデンティティの多様性に関する国民の理解の増進に関する法律」）が成立したが、ジェンダーアイデンティティ自体をいたずらに敵視する一部の国会議員などが存しているため、同性婚制度の導入に対する道のりはまだまだ遠いといわざるをえない。

　なお、同性パートナーシップでは、相続権が発生しないため、財産を承継させるために養子縁組制度を活用するという便法も行われているようである。つまり、一方のパートナーが他方のパートナーを養子にすることで相続権を発生させるという方式である。確かに、後述するように税金養子も養子縁組として有効であるとする最高裁判例も出されていることから、養子縁組意思は柔軟に解される余地はあると思われるが、相続権を有する親族がその有効性を争う可能性もあるため、養子縁組制度を活用することで相続権を代替させることができるといえるかどうかは、未定であるとしか言えないだろう。

第2章
離　　婚

① 離婚の成立要件

　離婚には、協議離婚、調停離婚、審判離婚、裁判離婚（判決離婚、和解離婚、認諾離婚）などがある。協議離婚は、当事者の合意と届出をもって離婚を成立させる手続であり、判決離婚は、離婚判決の確定をもって離婚を成立させる手続である。その他の離婚は、その2つの中間的な形態であって、例えば、調停離婚は離婚意思の合致によって離婚を成立させるが、確定判決と同一の効力を有する。

　令和6年改正後の協議離婚と裁判離婚の成立要件をまとめておくと、次のようになる。

・**協議離婚の成立要件**
　①　実質的要件：離婚意思の合致（協議の成立）（民法763条）
　②　形式的要件：届出（同764条による同739条の準用）
・**裁判離婚の成立要件**
　・実質的要件：離婚原因の存在（同770条1項）
　　　　㋐　不貞行為（1号）
　　　　㋑　悪意の遺棄（2号）
　　　　㋒　3年以上の生死不明（3号）
　　　　㋓　婚姻を継続し難い重大な事由（4号）

⑴　協議離婚の成立要件

　協議離婚の成立要件については、変わりはないが、日本の協議離婚制度は最も簡便な離婚制度であると批判されており、子どもがいる場合の養育費の分担や面会交流に関するルールを決めていなくても届出をするだけで簡単に

離婚できる。

　平成8年民法改正案要綱でも、民法766条に協議離婚時の子の監護に関して、面会交流や監護費用（養育費）の分担を定めることを条文に盛り込むように提案されていた。1996（平成8）年段階では実現しなかったが、2011（平成23）年の民法改正によって、民法766条が改正され、離婚における子の監護につき、親子の面会交流及び監護費用（養育費）の分担を定めることができる旨が明示された。しかし、親子の面会交流及び監護費用（養育費）の分担を定めることは、離婚当事者の義務ではなく、当事者間でその取決めをすることを促すにとどまるものである（飛澤知行編著『一問一答・平成23年民法等改正』（商事法務、2011年）10頁）。

　なお、離婚届の書式には、右下の欄に、「未成年の子がいる場合は、次の□のあてはまるものにしるしをつけてください。」等として、（面会交流）につき、「□取決めをしている。」「□まだ決めていない。」、（養育費の分担）につき、「□取決めをしている。」「□まだ決めていない。」等のチェックマーク欄がもうけられた。何もないよりはよいのかもしれないが、これに説明書きを加えただけで、それらの取決めを促す効果がどれくらいあるのだろうか疑問である。むしろ離婚の際の親ガイダンスの受講などがもっと積極的に推進されてよいように思われる（親ガイダンスについては、二宮周平編『子どもの権利保障と親の離婚』（信山社、2023年）316頁［二宮周平執筆］以下を参照されたい。）。1996（平成8）年以降の民法766条の条文の変遷については、次表のような文言の変遷があった。

　2024（令和6）年改正による「子の監護の分掌」とは、後述するように、離婚後の選択的共同親権制度が導入されることに伴い、共同親権が選択された場合、一方のノミナルな親権者と子どもと同居して現実的に子どもの監護を担う他方の親権者とが生じることになる。しかし、離婚後の親権者を父母双方と定めるに当たっては、父母の一方を子どもの監護者として必ず指定するという規律はもうけないこととしたうえで、離婚後の子の監護について必

要な事項の例示として「子の監護の分掌」をもうけることとしたとされている。

《民法766条１項第一文の変遷》

2004（平成16）年改正前：父母が協議上の離婚をするときは、子の監
　　護をすべき者その他監護について必要な事項は、その協議でこれを
　　定める。

⇩

2004（平成16）年改正：父母が協議上の離婚をするときは、子の監護
　　をすべき者その他監護について必要な事項は、その協議で定める。

⇩

2011（平成23）年改正：父母が協議上の離婚をするときは、子の監護
　　をすべき者、父又は母と子との面会及びその他の交流、子の監護に
　　要する費用の分担その他の子の監護について必要な事項は、その協
　　議で定める。この場合においては、子の利益を最も優先して考慮し
　　なければならない。

⇩

2024（令和６）年改正：父母が協議上の離婚をするときは、子の監
　　護をすべき者又は子の監護の分掌、父又は母と子との交流、子の監
　　護に要する費用の分担その他の子の監護について必要な事項は、そ
　　の協議で定める。この場合においては、子の利益を最も優先して考
　　慮しなければならない。

　離婚の要件②の離婚の届出については、2024（令和６）年の改正によって、離婚後の選択的共同親権制度が導入されるに当たり、父母の一方を親権者と定めなければ離婚の届出を受理できないという旨の民法765条１項を見直し、成年に達しない子がある場合、①親権者の定めがされていること、②親権者

の指定を求める家事審判または家事調停の申立てがされていることのいずれかに該当していることを認めた後でなければ離婚の届出を受理できないという旨に改正された。

(2)　裁判離婚の成立要件

　裁判離婚の成立要件については、離婚原因の存在であるが、これまでは、「配偶者が強度の精神病にかかり、回復の見込みがないとき」といういわゆる精神病離婚条項が離婚原因の一つとして挙げられていた（改正前民法770条1項4号）。しかし、精神医学の発展によって、精神病寛解の可能性は広がっているのであり、いたずらに精神障害者の差別につながるような規律は好ましいものではない。そこで、平成8年民法改正案要綱では、当該条項を削除するものとされていた。そして、2024（令和6）年の民法改正によって、精神病離婚条項が削除されることとなった。この改正の施行時期は、同年5月24日の公布の日から起算して2年を超えない範囲内において政令で定める日となっている。

　離婚裁判の国際裁判管轄については、2018（平成30）年の人事訴訟法の改正によって、規定がもうけられた。その条項は次のとおりである（詳細については、内野宗揮編著『一問一答・平成30年人事訴訟法・家事事件手続法等改正』（商事法務、2019年）、池田綾子編著『国際家事事件の裁判管轄』（日本加除出版、2019年）を参照されたい。）。

> **人事訴訟法**
> （人事に関する訴えの管轄権）
> 第3条の2　人事に関する訴えは、次の各号のいずれかに該当するときは、日本の裁判所に提起することができる。
> 　一　身分関係の当事者の一方に対する訴えであって、当該当事者の住所（住所がない場合又は住所が知れない場合には、居所）が日

本国内にあるとき。

二　身分関係の当事者の双方に対する訴えであって、その一方又は双方の住所（住所がない場合又は住所が知れない場合には、居所）が日本国内にあるとき。

三　身分関係の当事者の一方からの訴えであって、他の一方がその死亡の時に日本国内に住所を有していたとき。

四　身分関係の当事者の双方が死亡し、その一方又は双方がその死亡の時に日本国内に住所を有していたとき。

五　身分関係の当事者の双方が日本の国籍を有するとき（その一方又は双方がその死亡の時に日本の国籍を有していたときを含む。）。

六　日本国内に住所がある身分関係の当事者の一方からの訴えであって、当該身分関係の当事者が最後の共通の住所を日本国内に有していたとき。

　人事訴訟に関する国際裁判管轄の原則は、以上のとおり、被告の住所地管轄（1号、2号）、被告死亡時住所地管轄（3号、4号）、本国管轄（5号）、最後の共通の住所地管轄（6号）となっている。法制審議会国際裁判管轄法制（人事訴訟事件及び家事事件関係）部会では、原告の住所地管轄を認めるべきかどうかで活発な議論が交わされたが、被告の住所地管轄等以上の原則で取りまとめることとし、原告の住所地管轄を認める場合は、最判平成8年6月24日民集50巻7号1451頁等を参考に、人事訴訟法3条の2第7号に次のような規定がもうけられることとなった。

七　日本国内に住所がある身分関係の当事者の一方からの訴えであって、他の一方が行方不明であるとき、他の一方の住所がある国においてされた当該訴えに係る身分関係と同一の身分関係についての訴えに係る確定した判決が日本国で効力を有しないときその

> 他の日本の裁判所が審理及び裁判をすることが当事者間の衡平を図り、又は適正かつ迅速な審理の実現を確保することとなる特別の事情があると認められるとき。

　この条文のもととなった最判平成8年6月24日の事案は、次のようなものであった。これを図示すると、**【図2】**のようになる。

[図2]

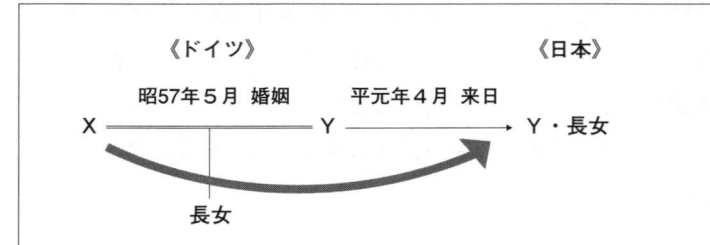

《ドイツ》　　　　　　　　　　《日本》

昭57年5月　婚姻　　　平元年4月　来日

X ――――――― Y ――――――→ Y・長女

長女

　　X→Y：平成元年7月8日　ドイツで離婚訴訟提起　⇒　Yには公示送達
　　　　　　　　　　　　　　　　　　　　　　　　　　　　　Yは応訴せず判決確定
　　Y→X：平成元年7月26日　日本で離婚訴訟提起　⇒　最判平成8年6月24日

　YとXとは、1982（昭和57）年5月、ドイツで婚姻し、1984（昭和59）年5月には長女が生まれたのであるが、Xは、1989（平成元）年1月以降、Yとの同居を拒絶したため、Yは、1989（平成元）年4月、旅行の名目で長女を連れて来日した後、Xに対してドイツに戻る意志のないことを告げ、以後、長女と共に日本に居住している。Xは、1989（平成元）年7月8日、自己の住所地を管轄するベルリン市のシャルロッテンブルク家庭裁判所に離婚請求訴訟を提起し、Yに対する送達は公示送達によって行われたところ、Yが応訴することなく訴訟手続が進められ、Xの離婚請求を認容し、長女の親権者をXと定める旨の判決が1990（平成2）年5月8日に確定した。そこでYは、

1989（平成元）年7月26日、本件訴訟を日本で提起した（訴状がXに送達されたのは、1990（平成2）年9月20日となった。）という事案である。

　このような事案に対し、最高裁は、次のように述べて、Xの日本における裁判管轄を肯定した。まず、国際裁判管轄に関する原則として、「離婚請求訴訟においても、被告の住所は国際裁判管轄の有無を決定するに当たって考慮すべき重要な要素であり、被告が我が国に住所を有する場合に我が国の管轄が認められることは、当然というべきである。しかし、被告が我が国に住所を有しない場合であっても、原告の住所その他の要素から離婚請求と我が国との関連性が認められ、我が国の管轄を肯定すべき場合のあることは、否定し得ないところであり、どのような場合に我が国の管轄を肯定すべきかについては、国際裁判管轄に関する法律の定めがなく、国際的慣習法の成熟も十分とは言い難いため、当事者間の公平や裁判の適正・迅速の理念により条理に従って決定するのが相当である。そして、管轄の有無の判断に当たっては、応訴を余儀なくされることによる被告の不利益に配慮すべきことはもちろんであるが、他方、原告が被告の住所地国に離婚請求訴訟を提起することにつき法律上又は事実上の障害があるかどうか及びその程度をも考慮し、離婚を求める原告の権利の保護に欠けることのないよう留意しなければならない。」と判断している。

　そして、本件離婚訴訟の国際裁判管轄に関しては、「ドイツ連邦共和国においては、（中略）判決の確定により離婚の効力が生じ、YとXとの婚姻は既に終了したとされている（中略）が、我が国においては、右判決は民訴法200条2号（筆者注：現行民訴法118条2号）の要件を欠くためその効力を認めることができず、婚姻はいまだ終了していないといわざるを得ない。このような状況の下では、仮にYがドイツ連邦共和国に離婚請求訴訟を提起しても、既に婚姻が終了していることを理由として訴えが不適法とされる可能性が高く、Yにとっては、我が国に離婚請求訴訟を提起する以外に方法はないと考えられるのであり、右の事情を考慮すると、本件離婚請求訴訟につき我

が国の国際裁判管轄を肯定することは条理にかなうというべきである。」と判断した。前記人事訴訟法3条の2第7号は、この最高裁判決と同様な考え方で定められたものである。

② 離婚の効果

　離婚の効果は、基本的に婚姻の効果を消滅させるものである。したがって、夫婦で形成した財産に関しても清算することとなる。その清算を行うのが民法768条の財産分与制度であるが、判例によれば、財産分与は共有財産の清算にとどまらない。財産分与については、⑴として後述する。

　また、離婚の効果としては、夫婦間での権利義務を終了させるだけでなく、夫婦間に生まれた子どもに関する効果がある。それは、親権者の指定や子の監護に関する処分（面会交流、養育費の分担等）という形で生ずることとなる。離婚に基づく親権者は、これまで父母のいずれかが親権者となる単独親権制度が採用されていたのであるが、2024（令和6）年5月の民法改正によって、離婚後の選択的共同親権制度が導入されることとなった。この点については、第4章の親権で取り扱うこととし、本章では、子の監護に関する処分である面会交流と養育費の分担に関する規律の変遷について述べておくこととする。

⑴　財産分与

①　2分の1ルールの明文化

　最判昭和46年7月23日民集25巻5号805頁によれば、財産分与には、①婚姻中に形成された財産関係の清算（清算的要素）、②離婚後の他方配偶者の生活保障（離婚後扶養的要素）、③精神的苦痛に対する慰謝料（慰謝料的要素）の3つがあるとされている。

　したがって、民法762条の夫婦財産制の解釈論とは別に民法768条の財産分

与を考えうるのであり、平成8年民法改正案要綱は、2分の1ルールを提案していた。同要綱が示していた2分の1ルールとは、次のような考え方である。

> **平成8年民法改正案要綱　第6の2第3項**
> 　家庭裁判所は、離婚後の当事者間の財産上の衡平を図るため、当事者双方がその協力によって取得し、又は維持した財産の額及びその取得又は維持についての各当事者の寄与の程度、婚姻の期間、婚姻中の生活水準、婚姻中の協力及び扶助の状況、各当事者の年齢、心身の状況、職業及び収入その他一切の事情を考慮し、分与させるべきかどうか並びに分与の額及び方法を定めるものとする。この場合において、当事者双方がその協力により財産を取得し、又は維持するについての各当事者の寄与の程度は、その異なることが明らかでないときは、相等しいものとする。

　つまり、2分の1ルールとは、財産分与に関して裁判所がその裁量をもって分与額及び方法を定めるに当たり、当事者が2分の1を超える寄与度を主張するときにはその立証が必要であり、2分の1を超える寄与度を立証しえないときには、平等な寄与度として、財産分与を2分の1ずつと認定するものである。

　平成8年民法改正案要綱は、国会に上程すらされなかったが、この2分の1ルールについては、家庭裁判所の実務上採用されていることが多く、筆者の家事調停委員としての経験でも、家事調停においては2分の1ルールをもって調停成立となった事案も多かった。もっとも2分の1を超える寄与度の立証は可能であり、形成された財産の個別的な性質によっては、2分の1を超える寄与度が認められることもありうるだろう。

　2024（令和6）年の民法改正で、財産分与に関する規律が改められ、2分

の1ルールを明文化するとともに、財産分与の期間制限（最決平成17年3月8日家月57巻6号162頁によれば、除斥期間とされている。）を2年から5年に拡大した。それらの新しい条文は次のとおりである。この改正の施行時期は、同年5月24日の公布の日から起算して2年を超えない範囲内において政令で定める日となっている。

民法

（財産分与）

第768条　協議上の離婚をした者の一方は、相手方に対して財産の分与を請求することができる。

　2　前項の規定による財産の分与について、当事者間に協議が調わないとき、又は協議をすることができないときは、当事者は、家庭裁判所に対して協議に代わる処分を請求することができる。ただし、離婚の時から5年を経過したときは、この限りでない。

　3　前項の場合には、家庭裁判所は、離婚後の当事者間の財産上の衡平を図るため、当事者双方がその婚姻中に取得し、又は維持した財産の額及びその取得又は維持についての各当事者の寄与の程度、婚姻の期間、婚姻中の生活水準、婚姻中の協力及び扶助の状況、各当事者の年齢、心身の状況、職業及び収入その他一切の事情を考慮して、分与をさせるべきかどうか並びに分与の額及び方法を定める。この場合において、婚姻中の財産の取得又は維持についての各当事者の寄与の程度は、その程度が異なることが明らかでないときは、相等しいものとする。

　また、2024（令和6）年の民法改正では、財産分与の場合における情報開示義務について、家事事件手続法152条の2第2項（人事訴訟法34条の3第2項にも同様の規定をもうけている。）に新たな規律をもうけることとした。

それは次のような条文となっている。

家事事件手続法

（情報開示命令）

第152条の2　（略）

2　家庭裁判所は、財産の分与に関する処分の審判事件において、必要があると認めるときは、申立てにより又は職権で、当事者に対し、その財産の状況に関する情報を開示することを命ずることができる。

3　前2項の規定により情報の開示を命じられた当事者が、正当な理由なくその情報を開示せず、又は虚偽の情報を開示したときは、家庭裁判所は、10万円以下の過料に処する。

---

②　財産分与と過去の養育費

　財産分与については、この30年間にいくつかの重要判例が出されている。まず、離婚訴訟において、過去の婚姻費用の分担を財産分与に含めて判断することができるとされていた（最判昭和53年11月14日民集32巻8号1529頁）。過去の婚姻費用分担は審判事項であって（最決昭和40年6月30日民集19巻4号1114頁、最判昭和43年9月20日民集22巻9号1938頁）、本来的には財産分与請求には含まれないはずであるが、離婚訴訟の附帯請求として認められていたのである。

　また、親権者の指定とは別に監護者の指定を行わない場合であっても、離婚後の子どもの監護費用の請求は、子の監護に関する処分として離婚訴訟の附帯請求として認められるとされていた（最判平成元年12月11日民集43巻12号1763頁）。

　これらの判例を受けて、子どもが成年に至るまでの養育費を請求するに当

たり、民法771条及び766条1項を類推適用して、過去の別居期間中の子ども
の養育費も一括して附帯請求として認められるとした（最判平成9年4月10
日民集51巻4号1972頁）。この事案を図示すると、**【図3】**のようになる。

〔図3〕

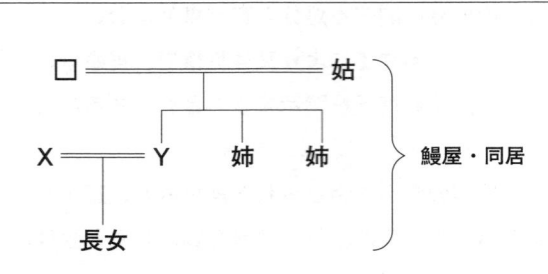

昭和63年3月：XとYが婚姻

平成元年3月：XY間に長女が出生　〜　YはXに生活費3万円程度交付

平成3年12月：Y、長女を連れてXらと別居

平成4年4月：X→Y、離婚調停申立て

平成5年10月：離婚訴訟を提起　〜　別居時からの養育費を附帯請求

③　財産分与と詐害行為取消権

　次に、財産分与が詐害行為取消権の対象となるかどうかが問題となった。
多大な債務を抱えている債務者が自己の財産に対する強制執行を受けるのを
避けるため、配偶者と協議離婚を行って、その財産分与として自己の責任財
産を元配偶者名義に移転する責任財産隠匿行為に対して、詐害行為取消権を
行使できるかが問題となっていたのである。

　そのような責任財産隠匿行為に対する詐害行為取消権の行使が争われた事
案で、判例は、「民法768条3項の規定の趣旨に反して不相当に過大であり、
財産分与に仮託してされた財産処分であると認めるに足りるような特段の事

情のない限り、詐害行為として、債権者による取消の対象となりえないものと解するのが相当である」との基準を示していた（最判昭和58年12月19日民集37巻10号1532頁）。

　最判平成12年3月9日民集54巻3号1013頁は、昭和58年判例を引用して、「不相当に過大な部分について、その限度において詐害行為として取り消されるべきものと解するのが相当である」と判示した。そして、慰謝料と扶養的財産分与を区別し、慰謝料については、「離婚に伴う慰謝料を支払う旨の合意は、配偶者の一方が、その有責行為及びこれによって離婚のやむなきに至ったことを理由として発生した損害賠償債務の存在を確認し、賠償額を確定してその支払を約する行為であって、新たに創設的に債務を負担するものとはいえないから、詐害行為とはならない。しかしながら、当該配偶者が負担すべき損害賠償債務の額を超えた金額の慰謝料を支払う旨の合意がされたときは、その合意のうち右損害賠償債務の額を超えた部分については、慰謝料支払の名を借りた金銭の贈与契約ないし対価を欠いた新たな債務負担行為というべきであるから、詐害行為取消権行使の対象となり得るものと解するのが相当である」とし、さらに、扶養的財産分与については、「YとAとの婚姻の期間、離婚に至る事情、Aの資力等から見て、本件合意はその額が不相当に過大であるとした原審の判断は正当であるが、この場合においては、その扶養的財産分与のうち不相当に過大な額及び慰謝料として負担すべき額を超える額を算出した上、その限度で本件合意を取り消し、上告人の請求債権から取り消された額を控除した残額と、被上告人の請求債権の額に応じて本件配当表の変更を命じるべきである。」として、大阪高裁に差し戻した。この事案を図示すると、【図4】のようになる。

［図 4］

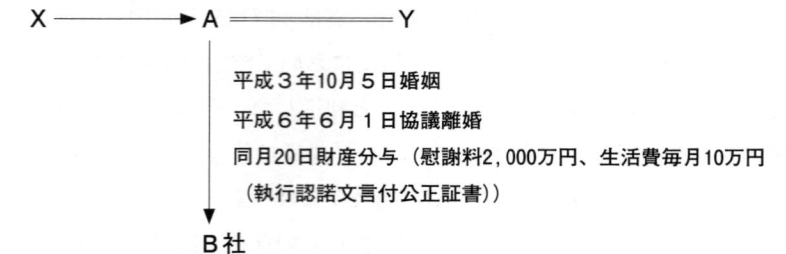

平成 3 年 5 月：貸金6,000万円余（確定判決あり）

X ——————→ A ══════════ Y

　　　　　　　　　平成 3 年10月 5 日婚姻
　　　　　　　　　平成 6 年 6 月 1 日協議離婚
　　　　　　　　　同月20日財産分与（慰謝料2,000万円、生活費毎月10万円
　　　　　　　　　（執行認諾文言付公正証書））

　　　　　　　　B 社

平成 7 年 8 月23日：X→AのB社に対する役員報酬等を判決により差押え
平成 8 年 4 月18日：Y→AのB社に対する役員報酬等を公正証書で差押え
　　　　 6 月24日：B社は260万円余を供託
　⇒　大阪地裁が按分して配当表を作成 ← Y異議の申出（配当異議訴訟）

⑵　**年金分割**

　2004（平成16）年の厚生年金保険法の改正によって、離婚時年金分割制度が導入された。2007（平成19）年 4 月 1 日以降に離婚が成立した場合、当事者間の合意または裁判所の決定によって、厚生年金の保険料納付記録を分割することができるようになった。また、2008（平成20）年 4 月 1 日以降に離婚が成立した場合、第 3 号被保険者（専業主婦）であった期間については、被用者の納付した保険料の納付記録は 2 分の 1 の割合で他方の請求によって分割されることとされている。

　厚生年金制度は、全国民が加入する基礎年金部分（国民年金）と賃金に応じた報酬比例部分（厚生年金）の 2 段階になっているところ、基礎年金部分については専業主婦も受給権があるのに対し、報酬比例部分については専業主婦には受給権がなく、離婚すれば専業主婦だった者は低年金となってしま

い、離婚したくてもできないということが社会問題となっていた。そこで、報酬比例部分も夫婦間で離婚時に分割できるようにしたのが離婚時年金分割制度である。ここでも基本的に前述した2分の1ルールが該当するとする審判例が多いが、寄与度に応じて割合を変化させる審判例もある。

(3)　面会交流

①　婚姻別居中の面会交流

　2011（平成23）年の民法改正によって、民法766条が改正され、離婚における子の監護につき、親子の面会交流に関するルールを定めることができる旨が明示された。なお、平成17年から令和4年までの面会交流の実施要領については、拙著『「面会交流実施要領」から理解する面会交流の条件・条項』（第一法規、2022年）にまとめておいたので、興味がある方は参照いただきたい。

　面会交流は、離婚後だけでなく、婚姻別居中でも問題となりうるところであるが、民法には婚姻別居中の面会交流に関する規定は存しなかった。そのため、判例は、婚姻別居中の面会交流につき、離婚後の面会交流に関する規定である民法766条を類推適用するとした（最決平成12年5月1日民集54巻5号1607頁）。そこで、2024（令和6）年の民法改正では、婚姻別居中の面会交流について第三者交流も含めて民法817条の13として明文規定をもうけることとした。この新しい規定は、次のようになっている。この改正の施行時期は、同年5月24日の公布の日から起算して2年を超えない範囲内において政令で定める日となっている。

> 民法
> （親子の交流等）
> 第817条の13　第766条〔第749条、第771条及び第788条において準用する場合を含む。〕の場合のほか、子と別居する父又は母その他

の親族と当該子との交流について必要な事項は、父母の協議で定める。この場合においては、子の利益を最も優先して考慮しなければならない。

2　前項の協議が調わないとき、又は協議をすることができないときは、家庭裁判所が、父又は母の請求により、同項の事項を定める。

3　家庭裁判所は、必要があると認めるときは、父又は母の請求により、前2項の規定による定めを変更することができる。

4　前2項の請求を受けた家庭裁判所は、子の利益のため特に必要があると認めるときに限り、父母以外の親族と子との交流を実施する旨を定めることができる。

5　前項の定めについての第2項又は第3項の規定による審判の請求は、父母以外の子の親族（子の直系尊属及び兄弟姉妹以外の者にあっては、過去に当該子を監護していた者に限る。）もすることができる。ただし、当該親族と子との交流についての定めをするため他に適当な方法があるときは、この限りでない。

　これと併せて、2024（令和6）年の民法改正では、家事審判事件における親子交流の試行的実施につき、家事事件手続法152条の3（人事訴訟法34条の4にも同様の条文がもうけられている。）に試行的実施の規定をもうけることとした。試行的面会交流とは、面会交流に関する調停や審判（判決の附帯処分を含む。）が成立する前に、期日間に家庭裁判所の内外で試行的に面会交流を行ってみることを指している。この新しい規定は、次のようになっている。この改正の施行時期は、同年5月24日の公布の日から起算して2年を超えない範囲内において政令で定める日となっている。

家事事件手続法

（審判前の親子交流の試行的実施）

第152条の3　家庭裁判所は、子の監護に関する処分の審判事件（子
　　の監護に要する費用の分担に関する処分の審判事件を除く。）に
　　おいて、子の心身の状態に照らして相当でないと認める事情がな
　　く、かつ、事実の調査のため必要があると認めるときは、当事者
　　に対し、子との交流の試行的実施を促すことができる。

　2　家庭裁判所は、前項の試行的実施を促すに当たっては、交流の
　　方法、交流をする日時及び場所並びに家庭裁判所調査官その他の
　　者の立会いその他の関与の有無を定めるとともに、当事者に対し
　　て子の心身に有害な影響を及ぼす言動を禁止することその他適当
　　と認める条件を付することができる。

　3　家庭裁判所は、第1項の試行的実施を促したときは、当事者に
　　対してその結果の報告（当該試行的実施をしなかったときは、そ
　　の理由の説明）を求めることができる。

②　離婚後の第三者交流

　また、2024（令和6）年の民法改正によって、離婚後の面会交流の主体が
父母だけでなく、第三者にも拡張されることとなり、父母との面会交流を親
子交流、第三者との面会交流を第三者交流と呼ぶようになっている。第三者
交流に関する新しい規定は、次のようになっている。この改正の施行時期は、
同年5月24日の公布の日から起算して2年を超えない範囲内において政令で
定める日となっている。

民法

（審判による父母以外の親族と子との交流の定め）

> **第766条の2**　家庭裁判所は、前条第2項又は第3項の場合において、子の利益のため特に必要があると認めるときは、同条第1項に規定する子の監護について必要な事項として父母以外の親族と子との交流を実施する旨を定めることができる。
>
> 2　前項の定めについての前条第2項又は第3項の規定による審判の請求は、次に掲げる者（第二号に掲げる者にあっては、その者と子との交流についての定めをするため他に適当な方法がないときに限る。）がすることができる。
>
> 　一　父母
>
> 　二　父母以外の子の親族（子の直系尊属及び兄弟姉妹以外の者にあっては、過去に当該子を監護していた者に限る。）

　このような第三者交流の規定がもうけられた背景には、祖父母が同居してきた孫の監護者指定を求めることができるかが問われた事案において、最高裁は、父母以外の第三者の監護者指定の申立てには法令上の根拠も存しないと判示して、請求を却下した経緯がある（最決令和3年3月29日民集75巻3号952頁）。したがって、同じ子の監護に関する処分である面会交流に関しても、祖父母が孫との面会交流を求めるためには、立法による解決しかないということとなったため、民法766条の2で比較的厳格な要件をもって第三者交流を定めるに至ったものである。最決令和3年3月29日の事案を図示すると、**[図5]** のようになる。

[図5]

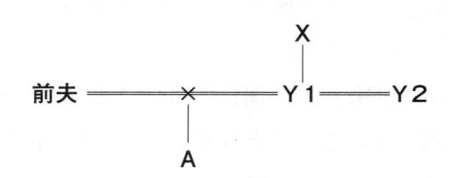

前夫とＹ１、平成21年12月：Ａをもうけた。

前夫とＹ１、平成22年２月：離婚、Ａの親権者にＹ１を指定

Ｙ１、平成29年８月：ＡをＸ宅に残してＹ２と同居

Ｙ１とＹ２、平成30年３月：婚姻、Ｙ２とＡは養子縁組

Ｘ→Ｙ１、Ｙ２：自己をＡの監護者として指定するよう申立て

　なお、第三者交流が認められた事情は理解できるところであるが、子ども
の立場からすれば、親子交流と第三者交流をフルに認めるとなると、子ども
の自由な時間を奪ってしまう危険性があることも認識しておくべきである。
子どもには子どものやりたいことがあるのであって、親や祖父母がいかに愛
情深いからといって、子どもの自由な時間を奪ってよいものではない。した
がって、面会交流のルールを定めるに当たっては、子どもの成長度、子ども
の日中活動の状況、面会交流全体の頻度などを考慮して子どもの自由時間の
侵害にならないよう留意すべきである。後述する子ども手続代理人の活用も
視野に入れるべきであろう。

③　面会交流と間接強制

　面会交流のルールを定めておきながら、それが実現されない場合に、間接
強制の決定ができるかについては、最高裁は、「監護親に対し非監護親が子
と面会交流をすることを許さなければならないと命ずる審判において、面会
交流の日時又は頻度、各回の面会交流時間の長さ、子の引渡しの方法等が具
体的に定められているなど監護親がすべき給付の特定に欠けるところがない

といえる場合は、上記審判に基づき監護親に対し間接強制決定をすることができると解するのが相当である。」という一般論を示している（最決平成25年3月28日民集67巻3号864頁）。

　面会交流に対する子どもの拒否と間接強制の関係については、面会交流実施要領で間接強制が可能となっている場合、子どもが面会交流を拒否したというだけでは間接強制は否定されないのが原則であるとされている。前掲・最決平成25年3月28日は、「子の面会交流に係る審判は、子の心情等を踏まえた上でされているといえる。」とし、「子が非監護親との面会交流を拒絶する意思を示していることは、これをもって、上記審判時とは異なる状況が生じたといえるときは上記審判に係る面会交流を禁止し、又は面会交流についての新たな条項を定めるための調停や審判を申し立てる理由となり得ることなどは格別、上記審判に基づく間接強制決定をすることを妨げる理由となるものではない。」と判示している。

　その理由は、「間接強制の申立てを受けた執行裁判所は、提出された債務名義に表示された義務についてその履行の有無や履行の可否など実体的な事項を審査することはなく、当該義務の履行があったことや当該義務が履行不能であることなどを理由として申立てを却下することはできないのが原則である。」（最決平成31年4月26日裁判集民261号247頁における山崎敏充裁判官の補足意見）ということに基づいているのであろう。

　ただし、面会交流実施要領を行う過程は長期にわたる場合も多く、子がまさに成長する段階にあるのであるから、監護親と非監護親との間に債務名義があるとはいえ、事件本人である子どもが意思表明できる年齢となり、真意をもって面会交流を拒否するときには、端的に間接強制はなしえないと解すべきである。

⑷　養育費の分担

　婚姻中の子どもの養育費支払義務の法的根拠は、民法760条に基づく婚姻

費用分担義務であるとされている。これに対して、離婚後に関しては、2011（平成23）年の民法改正によって民法766条１項に「子の監護に要する費用の分担」（養育費の分担）が明記されることとなったところであるが、これは義務規定ではなく任意規定として協議で定めることができるというものであるため、離婚時の養育費分担協議に基づく請求権の根拠を表現したものにすぎないのであって、離婚後の子どもの養育費支払義務の法的根拠は、民法877条１項に基づく扶養義務であると考えられる。婚姻外の子どもの養育費支払義務の法的根拠についても、民法877条１項に基づく扶養義務である。

　養育費の分担額の決定基準については、東京及び大阪の家庭裁判所の裁判官らが作成した「養育費・婚姻費用算定表」（以下、単に「簡易算定表」という。）によることが実務上ほとんどであった。養育費の簡易算定表は、父母双方の収入を縦軸と横軸に取り、その交点を含む一定幅の金額を子どもの一月当たりの養育費額とする簡易な算定表である。

　子どもの養育費について、長い時間をかけて争うと、それだけでかえって子どもの生活に支障をきたす危険性があるため、一方では、この簡易算定表によって迅速な解決を図ることが重要である。しかし他方で、この簡易算定表を硬直的に運用してしまうと、通常よりも多く養育費を要する場合には、不足が生じてしまうおそれがある。子どもに特殊な障がいがある場合などには、支払義務者の支払能力や支払可能性を前提として、簡易算定表を超える養育費の金額を定めるべきものであろう。

　当初の簡易算定表は、2003（平成15）年４月に公表されたものであったが、2019（令和元）年12月に簡易算定表については大きく改訂され、養育費額が少し引き上げられた。

　2024（令和６）年の民法改正では、養育費等に関する規律として、①養育費等の請求権の実効性向上措置（先取特権の付与）、②法定養育費制度の導入、③裁判手続における情報開示命令制度の導入、④執行手続における債権者の負担軽減などの新しい規律が盛り込まれた。以下では、それぞれについ

て説明することとする。

①　養育費に関する先取特権の付与

　これは、民法306条を改正して、養育費等の請求権に一般先取特権を付与し、その順位を雇用関係の先取特権（同条2号参照）に次ぐものとした上で、養育費に関する先取特権は、①民法752条の夫婦間の協力・扶助義務、②民法760条の婚姻費用分担義務、③民法766条等及び法定養育費による子の監護義務、④民法877条等の扶養義務の4つの義務に係る確定期限の定めのある定期金債権の各期における定期金のうち、子の監護に要する費用として相当な額（子の監護に要する標準的な費用その他の事情を勘案して当該定期金により扶養を受けるべき子の数に応じて政省令で定めるところにより算定した額）について存在するものとされている。この具体的な条文は次のようになっている。

> **民法**
>
> （一般の先取特権）
>
> **第306条**　次に掲げる原因によって生じた債権を有する者は、債務者の総財産について先取特権を有する。
>
> 　一　共益の費用
>
> 　二　雇用関係
>
> 　三　子の監護の費用（未施行）
>
> 　四　葬式の費用
>
> 　五　日用品の供給
>
> （子の監護費用の先取特権）（未施行）
>
> **第308条の2**　子の監護の費用の先取特権は、次に掲げる義務に係る確定期限の定めのある定期金債権の各期における定期金のうち子の監護に要する費用として相当な額（子の監護に要する標準的な費用その他の事情を勘案して当該定期金により扶養を受けるべき子の数

に応じて法務省令で定めるところにより算定した額）について存在
する。
一　第752条の規定による夫婦間の協力及び扶助の義務
二　第760条の規定による婚姻から生ずる費用の分担の義務
三　第766条及び第766条の3（これらの規定を第749条、第771条及
　　び第788条において準用する場合を含む。）の規定による子の監護
　　に関する義務
四　第877条から第880条までの規定による扶養の義務

②　法定養育費制度の導入

　　法定養育費制度とは、父母が子の監護に要する費用の分担についての定め
をすることなく協議上の離婚をした場合に対応するための仕組みとして、父
母の扶養を受けるべき子の最低限度の生活の維持に要する標準的な費用の額
その他の事情を勘案して、子の数に応じて法務省令で定めるところにより、
算定した額の支払を請求することができるようにする制度である。この具体
的な条文は次のようになっている。

民法
（子の監護に要する費用の分担の定めがない場合の特例）（未施行）
第766条の3　父母が子の監護に要する費用の分担についての定めを
　　することなく協議上の離婚をした場合には、父母の一方であって離
　　婚の時から引き続きその子の監護を主として行うものは、他の一方
　　に対し、離婚の日から、次に掲げる日のいずれか早い日までの間、
　　毎月末に、その子の監護に要する費用の分担として、父母の扶養を
　　受けるべき子の最低限度の生活の維持に要する標準的な費用の額そ
　　の他の事情を勘案して子の数に応じて法務省令で定めるところによ

り算定した額の支払を請求することができる。ただし、当該他の一方は、支払能力を欠くためにその支払をすることができないこと又はその支払をすることによってその生活が著しく窮迫することを証明したときは、その全部又は一部の支払を拒むことができる。

一　父母がその協議により子の監護に要する費用の分担についての定めをした日

二　子の監護に要する費用の分担についての審判が確定した日

三　子が成年に達した日

2　離婚の日の属する月又は前項各号に掲げる日のいずれか早い日の属する月における同項の額は、法務省令で定めるところにより日割りで計算する。

3　家庭裁判所は、第766条第2項又は第3項の規定により子の監護に要する費用の分担についての定めをし又はその定めを変更する場合には、第1項の規定による債務を負う他の一方の支払能力を考慮して、当該債務の全部若しくは一部の免除又は支払の猶予その他相当な処分を命ずることができる。

この法定養育費制度についても、簡易算定表と同様なメリットとデメリットを考えることができるのであって、導入自体は望ましいものであるが、「これだけで十分」という誤解を生じないよう、あまりに硬直化した運用は避けられるべきであろう。

③　裁判手続における情報開示命令制度の導入

これは、家事事件手続法及び人事訴訟法に、養育費分担等の審判事件や附帯処分事件につき、次のような規律を設けるものとするものである。家庭裁判所は、①夫婦間の協力・扶助に関する処分、②婚姻費用分担に関する処分、③子の監護に関する処分、④扶養の程度又は方法についての決定等の4つの場合に、必要があると認めるときは、申立てにより又は職権で、当事者に対

し、その収入及び資産の状況に関する情報を開示することを命ずることができるとし、以上の規定により情報の開示を命じられた当事者が、正当な理由なくその情報を開示せず、又は虚偽の情報を開示した場合について、制裁の規定を設けるものとするというものである。家事事件手続法におけるこの具体的な条文は次のようになっている（人事訴訟法34条の３に同趣旨の条文が新設されている）。

家事事件手続法

（情報開示命令）（未施行）

第152条の２　家庭裁判所は、次に掲げる審判事件において、必要があると認めるときは、申立てにより又は職権で、当事者に対し、その収入及び資産の状況に関する情報を開示することを命ずることができる。

　一　夫婦間の協力扶助に関する処分の審判事件

　二　婚姻費用の分担に関する処分の審判事件

　三　子の監護に関する処分の審判事件（子の監護に要する費用の分担に関する処分の審判事件に限る。）

２　（略）

３　前２項の規定により情報の開示を命じられた当事者が、正当な理由なくその情報を開示せず、又は虚偽の情報を開示したときは、家庭裁判所は、10万円以下の過料に処する。

（情報開示命令）（未施行）

第184条の２　家庭裁判所は、扶養の程度又は方法についての決定及びその決定の変更又は取消しの審判事件において、必要があると認めるときは、申立てにより又は職権で、当事者に対し、その収入及び資産の状況に関する情報を開示することを命ずることができる。

２　前項の規定により情報の開示を命じられた当事者が、正当な理由

> なくその情報を開示せず、又は虚偽の情報を開示したときは、家庭
> 裁判所は、10万円以下の過料に処する。

④　執行手続における債権者の負担軽減

　これは、民事執行法に次のような規律を設けるものとし、①民法752条の
夫婦間の協力・扶助義務、②民法760条の婚姻費用分担義務、③民法766条等
及び法定養育費による子の監護義務、④民法877条等の扶養義務の４つの義
務に係る請求権について執行力のある債務名義の正本を有する債権者が、民
事執行法197条１項の申立て又は同法206条１項の申立てをした場合には、当
該申立てと同時に、開示したあるいは提供された債権の差押命令等の申立て
をしたものとみなすとして手続負担を軽減するものである。ただし、当該債
権者が民事執行法197条１項の申立て又は同法206条１項の申立ての際に反対
の意思を表示したときは適用されないものとされている。

　そして、民事執行法197条１項の申立てがされた場合において、執行裁判
所の呼出しを受けた債務者がその財産を開示しなかったときは、債権者が別
段の意思を表示した場合を除き、執行裁判所は、債務者の住所のある市町村
（特別区を含む。）に対し、民事執行法206条１項１号に定める事項について
情報の提供をすべき旨を命じなければならないとされ、財産開示手続等を実
施したにもかかわらず、開示したあるいは提供された債権の差押命令におい
て差し押さえるべき債権を特定することができなかったときには、当該差押
命令の申立てに係る手続は終了するものとされている。

　以上の規定は、債務者の財産について一般の先取特権を有することを証す
る文書を提出した債権者が財産開示手続（民事執行法197条）の申立て又は
債務者の給与債権に係る情報の取得（同法206条）の申立てをした場合につ
いて準用するとされている。基本となる条文は次のようになっている。

民事執行法

（扶養義務等に係る債権に基づく財産開示手続等の申立ての特例）

（未施行）

第167条の17　第151条の２第１項各号に掲げる義務に係る請求権について執行力のある債務名義の正本を有する債権者が次の各号に掲げる申立てをした場合には、当該申立てと同時に、当該各号に定める申立てをしたものとみなす。ただし、当該債権者が当該各号に掲げる申立ての際に反対の意思を表示したときは、この限りでない。

　一　第197条第１項の申立て　当該申立てに係る手続において債務者（債務者に法定代理人がある場合にあつては、当該法定代理人）が開示した債権（第206条第１項各号に規定する債権に限る。）又は次項の規定によりその情報が提供された債権に対する差押命令の申立て

　二　第206条第１項の申立て　当該申立てに係る手続において同項各号に掲げる者がその情報を提供した同項各号に規定する債権に対する差押命令の申立て

２　前項に規定する場合（同項第１号に掲げる申立てをした場合に限る。）において、執行裁判所の呼出しを受けた債務者（債務者に法定代理人がある場合にあつては、当該法定代理人）がその財産を開示しなかつたときは、債権者が別段の意思を表示した場合を除き、執行裁判所は、債務者の住所のある市町村（特別区を含む。第206条第１項第１号において同じ。）に対し、同号に定める事項について情報の提供をすべき旨を命じなければならない。

３　第205条第３項から第５項までの規定は前項の規定による裁判について、第208条の規定は当該裁判により命じられた情報の提供について、それぞれ準用する。

4　財産開示事件の記録中前項において準用する第208条第1項の情報の提供に関する部分についての第17条第1項の規定、同条第2項において準用する民事訴訟法第91条第4項の規定並びに第17条の2第1項から第3項まで及び第17条の3の規定による請求は、次に掲げる者に限り、することができる。

一　申立人

二　債務者に対する第151条の2第1項各号に掲げる義務に係る請求権又は人の生命若しくは身体の侵害による損害賠償請求権について執行力のある債務名義の正本を有する債権者

三　債務者の財産について一般の先取特権（民法第306条第3号に係るものに限る。）を有することを証する文書又は電磁的記録を提出した債権者

四　債務者

五　当該情報の提供をした者

5　第210条第2項の規定は、前項第2号又は第3号に掲げる者であつて、財産開示事件の記録中の第3項において準用する第208条第1項の情報の提供に関する部分の情報を得たものについて準用する。

6　第1項の規定により債権に対する差押命令の申立てがされたものとみなされた場合において、執行裁判所が第197条第3項に規定する財産開示期日における手続の実施又は第2項若しくは第206条第1項の規定による裁判をしてもなお差し押さえるべき債権を特定することができないときは、執行裁判所は、債権者に対し、相当の期間を定め、その期間内に差し押さえるべき債権を特定するために必要な事項の申出をすべきことを命ずることができる。この場合において、債権者がその期間内に差し押さえるべき債権を特定するために必要な事項の申出をしないときは、差押命令の申立ては、取り下げたものとみなす。

③　内縁・事実婚の解消

　内縁・事実婚などの婚姻外関係については、民法には保護規定がもうけられていない。一方では、保護規定はないものの、婚姻外関係の社会的実体があり、判例によって保護が図られてきた。しかし他方では、私通や妾などの婚姻外関係を保護すべきではないとの議論も多い。同性婚を含む多様なカップルを寛容の精神をもって広く許容していくべきとする考え方と多様性を許容することは日本の伝統や絆を破壊するから否定すべきとする考え方とが争われている。

　したがって、婚姻外関係について保護すべき関係と保護すべきでない関係とを区別することは困難であり、その境界線を引くことは不可能に近い。本章では、これまでの30年間の家族法実務において、最高裁判決によって示された婚姻外関係の保護基準について論じることとする。婚姻外関係の解消が不法行為として慰謝料請求の対象になるか、内縁関係の死亡解消による財産分与請求は認められるか、婚姻障害事由がある場合の内縁配偶者の遺族年金受給資格が認められるか、重婚的内縁配偶者の遺族年金受給資格が認められるかの4つの最高裁判決である。

　婚姻外関係の保護基準に関しては、筆者も少しまとめてみたことがある。拙著『判決例・審判例にみる婚姻外関係　保護基準の判断―不当解消・財産分与・死亡解消等―』（新日本法規、2018年）であるが、筆者はこの本で当事者の婚姻意思と婚姻障害とをもって類型化することで、保護基準を明確にしようとしたものである。興味がある方は同書を参照されたい。以下では、4つの最高裁判決について検討することとする。

⑴　不当解消の慰謝料

　婚姻外関係の不当解消については、挙式がなされて同居するに至ったもの

の、姑と内縁の夫が内縁の妻に対し、いわゆる嫁いびりを行うことによって家から追い出したため、内縁の妻が内縁関係の不当破棄として損害賠償を請求した事案において、昭和33年の最高裁は、準婚理論を採用して不法行為に基づく損害賠償請求を認めた（最判昭和33年4月11日民集12巻5号789頁）。

　それまでの内縁関係の不当解消については、婚姻予約の不履行という法的構成（契約構成）を採用していたが、上記判決で準婚という法的構成（不法行為構成）によって慰謝料請求を認容することとしたものである。上記判決は、不法行為構成とした場合の保護法益が何なのかは明確にしていないが、内縁という関係の継続に対する合理的期待権と解してよいのではないかと思われる。

　そうだとすると、関係の継続に対する合理的期待権が存在しないような事案においては、婚姻外関係が一方的に解消されたとしても、法的保護には値しないということになるだろう。関係の継続に対する合理的期待権があるかどうかも判断が難しい場合もあるように思われるが、当事者の関係の継続に対する期待が社会通念に照らして合理的であると認められるかどうかによって判断せざるをえないであろう。

　そのような事案が最判平成16年11月18日裁判集民215号639頁である。これはYが突然一方的にパートナーシップ関係の解消を通告して、別の女性と婚姻したことから、それが不法行為に該当するとしてXが慰謝料を請求したという事案であり、図示すると【図6】のようになる。

[図6]

X —————— Y ════════ A

昭和60年11月：XとYが知り合い、12月に婚約
昭和61年3月：XY入籍予定であったが、婚約を解消

⇒　ＸＹの連名で婚約解消の報告書を発送

平成元年6月：Yの希望に応じてXは長女を出産。出産前に婚姻届、9月に離婚届。

⇒　子どもの養育はYの全責任で行う約束、長女はYの母の下で養育

平成5年2月：Xは長男を出産。施設で養育後、平成14年3月にXとAが引取。

平成13年5月：YがXに対して関係解消の通告。

平成13年7月：YはAと婚姻。

以上のような事案につき、最高裁は、次のように判示している。

まず、「前記の事実関係によれば、〔1〕上告人Yと被上告人Xとの関係は、昭和60年から平成13年に至るまでの約16年間にわたるものであり、両者の間には2人の子供が生まれ、時には、仕事の面で相互に協力をしたり、一緒に旅行をすることもあったこと、しかしながら、〔2〕上記の期間中、両者は、その住居を異にしており、共同生活をしたことは全くなく、それぞれが自己の生計を維持管理しており、共有する財産もなかったこと、〔3〕被上告人Xは上告人Yとの間に2人の子供を出産したが、子供の養育の負担を免れたいとの被上告人Xの要望に基づく両者の事前の取決め等に従い、被上告人Xは2人の子供の養育には一切かかわりを持っていないこと、そして、被上告人Xは、出産の際には、上告人Y側から出産費用等として相当額の金員をその都度受領していること、〔4〕上告人Yと被上告人Xは、出産の際に婚姻の届出をし、出産後に協議離婚の届出をすることを繰り返しているが、これは、生まれてくる子供が法律上不利益を受けることがないようにとの配慮等によるものであって、昭和61年3月に両者が婚約を解消して以降、両者の間に民法所定の婚姻をする旨の意思の合致が存したことはなく、かえって、両者は意図的に婚姻を回避していること、〔5〕上告人Yと被上告人Xとの間において、上記の関係に関し、その一方が相手方に無断で相手方以外の者と婚姻をするなどして上記の関係から離脱してはならない旨の関係存続に関する合意がされた形跡はないことが明らかである」と事実認定した。

　そのうえで、「以上の諸点に照らすと、上告人Yと被上告人Xとの間の上記関係については、婚姻及びこれに準ずるものと同様の存続の保障を認める余地がないことはもとより、上記関係の存続に関し、上告人Yが被上告人Xに対して何らかの法的な義務を負うものと解することはできず、被上告人Xが上記関係の存続に関する法的な権利ないし利益を有するものとはいえない。そうすると、上告人Yが長年続いた被上告人Xとの上記関係を前記のような方法で突然かつ一方的に解消し、他の女性と婚姻するに至ったことについて被上告人Xが不満を抱くことは理解し得ないではないが、上告人Yの上記行為をもって、慰謝料請求権の発生を肯認し得る不法行為と評価することはできないものというべきである。」と判示して、Xの慰謝料請求を棄却した。

⑵　死亡解消と財産分与

　保護すべき内縁関係がある場合、内縁関係が生前解消したときには、財産分与の規定を類推適用することが認められてきた。しかし、内縁関係が死亡解消したときには、財産分与の規定を類推適用することが認められるかが問題となった。内縁関係にある場合、内縁配偶者が死亡したときには、直ちに相続が開始することとなり、内縁配偶者の相続人である子らに対して財産分与を請求をすることになる。重婚的内縁の場合には、法律婚上の配偶者が相続権を有しているのであるから、なおさら問題となるだろう。

　この点について最高裁は、内縁関係の死亡解消の場合には、財産分与の規定を類推適用することはできないと判断した（最決平成12年3月10日民集54巻3号1040頁）。これは、重婚的内縁関係にあった申立人Xが、内縁の夫が死亡したため、その相続人である子らに対して財産分与を求めたという事案である。この決定の事案を図示すると、【図7】のようになる。

［図7］

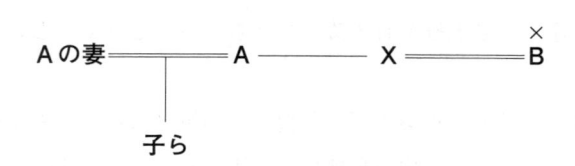

昭和23年：XはBと婚姻

昭和45年：B死亡

昭和46年3月〜：X、妻のあるAと交際を開始

　　　　8月〜：A、Xの生活費を負担

昭和60年12月〜：A、肺炎・結核により入院、Xが入院中の世話

昭和62年8月：Aの妻が死亡

平成9年1月：Aが死亡

　以上のような事案につき、最高裁は、次のように判示した。

　「内縁の夫婦の一方の死亡により内縁関係が解消した場合に、法律上の夫婦の離婚に伴う財産分与に関する民法768の規定を類推適用することはできないと解するのが相当である。民法は、法律上の夫婦の婚姻解消時における財産関係の清算及び婚姻解消後の扶養については、離婚による解消と当事者の一方の死亡による解消とを区別し、前者の場合には財産分与の方法を用意し、後者の場合には相続により財産を承継させることでこれを処理するものとしている。このことにかんがみると、内縁の夫婦について、離別による内縁解消の場合に民法の財産分与の規定を類推適用することは、準婚的法律関係の保護に適するものとしてその合理性を承認し得るとしても、死亡による内縁解消のときに、相続の開始した遺産につき財産分与の法理による遺産清算の道を開くことは、相続による財産承継の構造の中に異質の契機を持ち込むもので、法の予定しないところである。また、死亡した内縁配偶者の扶養

義務が遺産の負担となってその相続人に承継されると解する余地もない。したがって、生存内縁配偶者が死亡内縁配偶者の相続人に対して清算的要素及び扶養的要素を含む財産分与請求権を有するものと解することはできないといわざるを得ない。」

　この最高裁決定に対しては批判もあるが、前掲書の執筆において筆者が調べたところによれば、二重・三重の生活形態による事実婚なども存するようであり、それらを相続開始とともに財産分与規定で保護することとなると、解決がつかないことになりはしないかと思われる。婚姻外関係を継続するのであれば、遺贈や死因贈与契約によって内縁・事実婚配偶者の保護を図るようにすべきだろう。

(3)　婚姻障害事由がある内縁の保護基準

　婚姻障害事由があれば、民法744条1項等に基づいてその婚姻は取り消すことができることとなるが、近親婚の禁止に違反する叔父と姪との間で事実上の婚姻生活が営まれていたところ、事実上の夫である叔父が死亡したため、事実上の妻である姪が叔父の遺族厚生年金の裁定を求めたのに対し、姪の受給資格を認めた最高裁判決がある（最判平成19年3月8日民集61巻2号518頁）。

　その事案は、次のようなものであった。姪の遺族厚生年金の裁定請求に対し、近親婚に該当するため遺族の範囲に該当しないとして、社会保険庁が不支給処分を行ったため、これに対して、姪が審査請求・再審査請求を行ったが、社会保険審査会が再審査請求を棄却する裁決をした。そこで、姪は、社会保険庁長官を被告として、遺族厚生年金不支給処分の取消を請求したものである。その事実関係を図示すると、【図8】のようになる。

［図8］

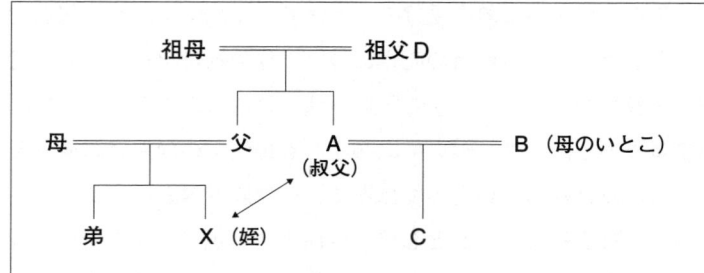

昭和30年11月：AとBが婚姻

　　　　12月：BがCを出産後、統合失調症で実家に戻る。

　　　　　⇒　その後Cの面倒はXが担当。DはAとXの結婚を提案。

　　　　　　　親戚のほとんどがAとXの結婚に賛成。

昭和33年12月〜：AとXは夫婦として生活

昭和35年4月：AとBは離婚し、Aは健康保険証当にXを配偶者として記載

平成12年：A死亡

平成13年10月：X、Aの遺族厚生年金の裁定請求　⇒　不支給処分

　　　　11月：X、社会保険審査官に審査請求　⇒　棄却決定

　　　　12月：X、社会保険審査会に再審査請求　⇒　棄却裁決

平成14年8月：X、本訴を提起

　この事案につき、最高裁は、次のように述べて、Xの遺族厚生年金の受給権を認めるに至った。

　まず、一般論として、「法（筆者注：厚生年金保険法）は、遺族厚生年金の支給を受けることができる遺族の範囲について、被保険者又は被保険者であった者（以下、併せて『被保険者等』という。）の配偶者等であって、被保険者等の死亡の当時その者によって生計を維持していたものとし（59条1項本文）、上記配偶者について、『婚姻の届出をしていないが、事実上婚姻関

係と同様の事情にある者』を含むものと規定している（3条2項）。法が、このように、遺族厚生年金の支給を受けることができる地位を内縁の配偶者にも認めることとしたのは、労働者の死亡について保険給付を行い、その遺族の生活の安定と福祉の向上に寄与するという法の目的にかんがみ、遺族厚生年金の受給権者である配偶者について、必ずしも民法上の配偶者の概念と同一のものとしなければならないものではなく、被保険者等との関係において、互いに協力して社会通念上夫婦としての共同生活を現実に営んでいた者にこれを支給することが、遺族厚生年金の社会保障的な性格や法の上記目的にも適合すると考えられたことによるものと解される」とした。

　しかしながら、「他方、厚生年金保険制度が政府の管掌する公的年金制度であり（法1条、2条）、被保険者及び事業主の意思にかかわりなく強制的に徴収される保険料に国庫負担を加えた財源によって賄われていること（法80条、82条）を考慮すると、民法の定める婚姻法秩序に反するような内縁関係にある者まで、一般的に遺族厚生年金の支給を受けることができる配偶者に当たると解することはできない」として、婚姻法秩序に反する場合には配偶者としての資格を認めることはできないという一般論も述べた。

　ここで民法の近親婚の趣旨を考え、「民法734条1項によって婚姻が禁止される近親者間の内縁関係は、時の経過ないし事情の変化によって婚姻障害事由が消滅ないし減退することがあり得ない性質のものである。しかも、上記近親者間で婚姻が禁止されるのは、社会倫理的配慮及び優生学的配慮という公益的要請を理由とするものであるから、上記近親者間における内縁関係は、一般的に反倫理性、反公益性の大きい関係というべきである。殊に、直系血族間、二親等の傍系血族間の内縁関係は、我が国の現在の婚姻法秩序又は社会通念を前提とする限り、反倫理性、反公益性が極めて大きいと考えられるのであって、いかにその当事者が社会通念上夫婦としての共同生活を営んでいたとしても、法3条2項によって保護される配偶者には当たらないものと解される。そして、三親等の傍系血族間の内縁関係も、このような反倫理性、

反公益性という観点からみれば、基本的にはこれと変わりがないものというべきである」として、近親婚関係の反倫理性や反公益性を強く指摘している。

　そのように考えてくると、反倫理性や反公益性があるのであるから、近親婚の禁止違反の事実上の婚姻関係を保護するわけにはいかないという結論になりそうなものであるが、ここから本判決の論理がひっくり返る。

　ここでトーンが変わり、「もっとも、我が国では、かつて、農業後継者の確保等の要請から親族間の結婚が少なからず行われていたことは公知の事実であり、前記事実関係によれば、上告人の周囲でも、前記のような地域的特性から親族間の結婚が比較的多く行われるとともに、おじと姪との間の内縁も散見されたというのであって、そのような関係が地域社会や親族内において抵抗感なく受け容れられている例も存在したことがうかがわれるのである。このような社会的、時代的背景の下に形成された三親等の傍系血族間の内縁関係については、それが形成されるに至った経緯、周囲や地域社会の受け止め方、共同生活期間の長短、子の有無、夫婦生活の安定性等に照らし、反倫理性、反公益性が婚姻法秩序維持等の観点から問題とする必要がない程度に著しく低いと認められる場合には、上記近親者間における婚姻を禁止すべき公益的要請よりも遺族の生活の安定と福祉の向上に寄与するという法の目的を優先させるべき特段の事情があるものというべきである」との理解を示した。

　そうすると、「このような事情が認められる場合、その内縁関係が民法により婚姻が禁止される近親者間におけるものであるという一事をもって遺族厚生年金の受給権を否定することは許されず、上記内縁関係の当事者は法3条2項にいう『婚姻の届出をしていないが、事実上婚姻関係と同様の事情にある者』に該当すると解するのが相当である」との結論に達することとなるのである。

　本最高裁判決の論理は、二転三転していると思われるが、近親婚の禁止という規律の性質につき、文化人類学で論じられているインセスト・タブーと

して、社会的・文化的な制約にすぎないと考えるのであれば、反倫理性や反公益性を強調する必要性は必ずしもなかったのではないかと思われる。長期にわたって事実上の妻として生活してきた者に対しては、目的や態様が反社会的でない以上、遺族として保護されるべきであろう。

(4)　重婚的内縁の保護基準

　重婚的内縁の場合、一方では、法律婚関係が存在しているのであるから、それ自体が公序良俗に反するという考え方もある反面、他方では、具体的な場面において保護に値するかどうかで決すべきとする考え方もある。ただし、重婚的内縁関係は、法律婚関係がいまだ存続している状態にあるのであるから、重婚的内縁関係の解消に対して過度に不当解消の責任を問うことになると、かえって法律婚関係を害することにもなりかねない。

　したがって、一般論としては、法律婚関係がすでに事実上の離婚状態にあって形骸化しており、婚姻としての実質的基礎を失って保護に値しない状態になっているのであれば、重婚的内縁関係も関係継続に対する合理的期待を認めてよいとして保護に値するはずであり、重婚的内縁関係の不当解消に対しても不法行為に基づく慰謝料請求が認められるべきであろう。そのような考え方は、不当解消だけでなく、生前の関係解消に基づく財産分与請求が認められるかどうかや遺族年金の受給権などに関しても同様であろうと思われる。

　私立学校教職員共済法における遺族共済年金について、法律婚関係の形骸化を要件として、重婚的内縁の妻への遺族年金の不支給処分を取り消して、遺族年金の受給権を認めた最高裁判決（最判平成17年4月21日裁判集民216号597頁）がある。この事案を図示すると、【図9】のようになる。

[図9]

B ══════A ───────── X ⇒ Y （私立学校振興・共済事業団）
　　　　 ×

昭和53年－55年～：ＡとＢは婚姻した夫婦であるが、別居するに至った。

昭和57年～：ＡとＢは継続的交渉はなく、会うこともない状態になった。

昭和59年～：ＡとＸは夫婦同然の生活をするようになった。

平成13年１月：Ａ死亡

　　　　　２月：ＸはＹに対し、遺族共済年金を裁定請求　⇒　Ｙ、不支給裁定

　　　　10月：Ｙ、Ｂに遺族年金の支給決定

　　　　11月：ＸはＹ共済審査会に対し、審査請求　⇒　棄却

平成14年12月：Ｘ、本件訴訟を提起。Ｂは参加人。

　この事案において最高裁は、「このような事実関係の下では、Ａと参加人Ｂの婚姻関係は実体を失って修復の余地がないまでに形がい化していたものというべきであり、他方、被上告人Ｘは、Ａとの間で婚姻の届出をしていないが事実上婚姻関係と同様の事情にある者というべきであるから、参加人Ｂは私立学校教職員共済法25条において準用する国家公務員共済組合法２条１項３号所定の遺族として遺族共済年金の支給を受けるべき『配偶者』に当たらず、被上告人Ｘがこれに当たるとした原審の判断は、正当として是認することができる」として、法律婚の形骸化を基準としている。

第 3 章
親　子

① 親子関係の全体状況

　親子には、実親子関係と養親子関係がある。ここ数年の民法及び関連法規において、頻繁に改正が行われているのが、この親子関係に関する規律の分野である。

　血縁関係を基礎とする親子関係である実親子関係における子には、婚姻夫婦から出生した嫡出子と婚姻関係にない父母から出生した嫡出でない子がいる。嫡出子については、2022（令和4）年の民法改正によって、女性の再婚禁止期間を廃止するとともに、嫡出推定規定が大幅に改正され、婚姻成立後200日以内に出生した子も嫡出推定を受けるとともに、婚姻解消後300日以内かつ再婚後に出生した子の嫡出推定が重なるため、その場合の嫡出推定の順位づけを行う改正が行われた。そして、嫡出否認権者を母や子にも拡大することとなった。嫡出でない子については、認知無効の訴えの出訴期間を限定するなどの改正が行われた。

　生殖補助医療によって出生した子には、父母の遺伝子を受け継いでいる子と少なくとも父母の一方の遺伝子を受け継いでいない子も存する。生殖補助医療に基づく出生子に関する法的問題は多いが、2020（令和2）年に成立した生殖補助医療法（正式名称は、「生殖補助医療の提供等及びこれにより出生した子の親子関係に関する民法の特例に関する法律」）では、その一部の問題にしか対応していない。したがって、生殖補助医療に基づく出生子については、法的な規律がもうけられている場合とそうでない場合とがあることとなり、生殖補助医療に基づく出生子には、まだまだ残されている倫理的問題と法的問題とがある。

　血縁関係を基礎としないで法的に親子関係を擬制する親子関係には、養子縁組に基づく親子関係があり、普通養子縁組と特別養子縁組とがある。特別養子縁組については、2019（令和元）年に児童虐待に対応するものとして、

特別養子縁組の養子年齢が原則6歳未満から原則15歳未満に引き上げられるなどの民法改正が行われた。また2024（令和6）年の改正でも養子制度は改正されている。普通養子縁組では、いわゆる節税養子が有効と認められるかについて最高裁判決（最判平成29年1月31日民集71巻1号48頁）が重要である。

② 実　子

(1)　母子関係と父子関係

　実子については、嫡出子と嫡出でない子がいるが、親子関係を考えるに当たっては、母子関係と父子関係を分けて考える必要がある。なぜなら、母子関係は、生殖補助医療に基づく出生子を含め、分娩の事実をもって母子関係が認められるからである（最判昭和37年4月27日民集16巻7号1247頁）。もっとも、分娩の事実を母子手帳等で立証しえない場合には、嫡出でない母子関係では母の認知もありえないわけではないだろう。

　なお、嫡出推定に関しては、性同一性障害特例法に基づき、Xが男性への性別の取扱いの変更審判を受けてAと婚姻し、XA同意のもとで、別の男性の精子提供を受けて非配偶者間人工授精（AID）によって子を懐胎・出産したXA夫婦につき、嫡出推定規定が適用されるかが争いとなった事案がある（最決平成25年12月10日民集67巻9号1847頁）。

　その事案は、次のようなものである。当該XA夫婦が生まれた子を嫡出子として出生届をしたところ、記載に不備があるとして受理されなかったため、出生届を取り下げて別の区に転籍し、改めて嫡出子として出生届を提出したが、やはり父母の続柄欄等に不備があるとして区長が追完を催告したものの、Xがこれに従わなかったために、父欄を空欄としてAの非嫡出子とする戸籍の記載をした。これに対して、XとAは、戸籍に嫡出子として記載すべきだとして戸籍訂正の許可を求めて家庭裁判所に申し立てたところ、東京家庭裁判所は、この申立てを却下し（東京家審平成24年10月31日民集67巻9号1897

頁）、抗告審である東京高裁も抗告を棄却したため（東京高決平成24年12月26日民集67巻9号1900頁）、最高裁に許可抗告の申立てを行い、最高裁が破棄自判することとなった。

　最高裁は、次のように述べて、嫡出推定規定の適用を認めた。「特例法4条1項は、性別の取扱いの変更の審判を受けた者は、民法その他の法令の規定の適用については、法律に別段の定めがある場合を除き、その性別につき他の性別に変わったものとみなす旨を規定している。したがって、特例法3条1項の規定に基づき男性への性別の取扱いの変更の審判を受けた者は、以後、法令の規定の適用について男性とみなされるため、民法の規定に基づき夫として婚姻することができるのみならず、婚姻中にその妻が子を懐胎したときは、同法772条の規定により、当該子は当該夫の子と推定されるというべきである。もっとも、民法772条2項所定の期間内に妻が出産した子について、妻がその子を懐胎すべき時期に、既に夫婦が事実上の離婚をして夫婦の実態が失われ、又は遠隔地に居住して、夫婦間に性的関係を持つ機会がなかったことが明らかであるなどの事情が存在する場合には、その子は実質的には同条の推定を受けないことは、当審の判例とするところであるが（中略。いわゆる「推定の及ばない子」の判例）、性別の取扱いの変更の審判を受けた者については、妻との性的関係によって子をもうけることはおよそ想定できないものの、一方でそのような者に婚姻することを認めながら、他方で、その主要な効果である同条による嫡出の推定についての規定の適用を、妻との性的関係の結果もうけた子であり得ないことを理由に認めないとすることは相当でないというべきである。」

(2)　嫡出推定規定の改正

　母子関係に対して父子関係を直ちに認めるようなシステムは存しない。そのため、民法は、婚姻関係から出生した子を嫡出子とし、嫡出推定をもって父子関係を早期に安定させる仕組みとしている。民法が定める嫡出推定は、

懐胎時期の推定及び推定される懐胎時期に出生した子は夫の子と推定するという2段階の推定方式を採用している。

2022（令和4）年の民法改正前の嫡出推定規定は、婚姻成立の200日経過後または婚姻解消等の日から300日以内に出生した場合には、婚姻中に懐胎したものと推定され、妻が婚姻中に懐胎した子は夫の子と推定されてきた。しかし、離婚後300日以内に子が出生した場合、前婚の夫の子と推定されることになるため、戸籍のない子が発生してしまうという「300日問題」が生じた。そのような場合に出生届を提出すると、婚姻後に懐胎したという医師の証明があれば推定を覆すことが可能であるが（平成19年5月7日民一1007号民事局長通達）、そうでない場合には前夫の戸籍に推定に基づいて記載されることとなるため、出生届はなされず、その結果として無戸籍児が生じてしまうということである。

しかし、だからといって、嫡出推定制度を一切なくしてしまえばよいことにはならない。もともと嫡出推定制度は、子どもの父親を早期に安定させて子どもの福祉を図ろうとする制度である。嫡出推定が重なれば父親が二人になるから、子どもは得をするということにもならない。なぜなら、二人の父親が「自分の子どもではない」と責任逃れに終始する危険性があるからである。かといって、もれなくDNA鑑定を行って父親を定めればよいというのも乱暴な議論である。そもそもDNA鑑定には費用がかかるし、プライバシーに関わる問題である。また、推定された父親がDNA鑑定を拒否したら、強制のしようもないだろう。

そうだとすれば、嫡出推定制度は残したうえで、嫡出推定に順位づけをするというのは、素直な解決方法である。そして、それだけでなく、不合理な場合の嫡出否認がもっと容易にできるようにすべきであるから、嫡出否認の否認権者を母や子に拡大することも不可欠である。これに、従来から判例が認めてきた、いわゆる推定の及ばない子の概念を使用することによって、嫡出子関係の規律の問題は相当程度解決するのではないかと思われる。まず、

嫡出推定規定の変遷を見ておくこととする。

《民法772条の変遷》

2022（令和４）年改正前の嫡出推定規定

1　妻が婚姻中に懐胎した子は、夫の子と推定する。

2　婚姻成立の日から200日を経過した後又は婚姻の解消若しくは取消しの日から300日以内に生まれた子は、婚姻中に懐胎したものと推定する。

⇩

2022（令和４）年改正後の嫡出推定規定（施行は令和６年４月１日）

1　妻が婚姻中に懐胎した子は、当該婚姻における夫の子と推定する。女が婚姻前に懐胎した子であって、婚姻が成立した後に生まれたものも、同様とする。

2　前項の場合において、婚姻の成立の日から200日以内に生まれた子は、婚姻前に懐胎したものと推定し、婚姻の成立の日から200日を経過した後又は婚姻の解消若しくは取消しの日から300日以内に生まれた子は、婚姻中に懐胎したものと推定する。

3　第１項の場合において、女が子を懐胎した時から子の出生の時までの間に２以上の婚姻をしていたときは、その子は、その出生の直近の婚姻における夫の子と推定する。

4　前３項の規定により父が定められた子について、第774条の規定によりその父の嫡出であることが否認された場合における前項の規定の適用については、同項中「直近の婚姻」とあるのは、「直近の婚姻（第774条の規定により子がその嫡出であることが否認された夫との間の婚姻を除く。）」とする。

以上のように、改正後の民法772条は、妻が婚姻前に懐胎・婚姻成立後の

出生子は夫の子と推定することとし（1項）、婚姻成立日から200日以内の出生子は婚姻前の懐胎と推定することとした（2項）。これまでは、婚姻成立後200日以内に出生したいわゆる「授かり婚」による子どもは、「推定されない嫡出子」とされ、嫡出子としての届出は可能であるが、推定がないため夫の子ではないという出生届も可能であった。そして、親子関係を争うには、嫡出否認の訴えでなく、親子関係不存在確認訴訟で十分であった。しかし、今後は、婚姻後に出生した子について「推定されない嫡出子」という概念はなくなり、もれなく嫡出推定が及ぶこととなる。

　そして、嫡出推定が重なる場合には、父親を順位づけすることとし、2以上の婚姻をしていたときは直近の婚姻における夫の子と推定することとし（3項）、その直近の婚姻の夫が嫡出否認された場合には、その夫を除いて、その前の婚姻の夫が父親と推定されることとなる（4項）。したがって、嫡出推定の規律が変わることとなるため、これも改正前と改正後を図示して示しておくこととする。

［図10］

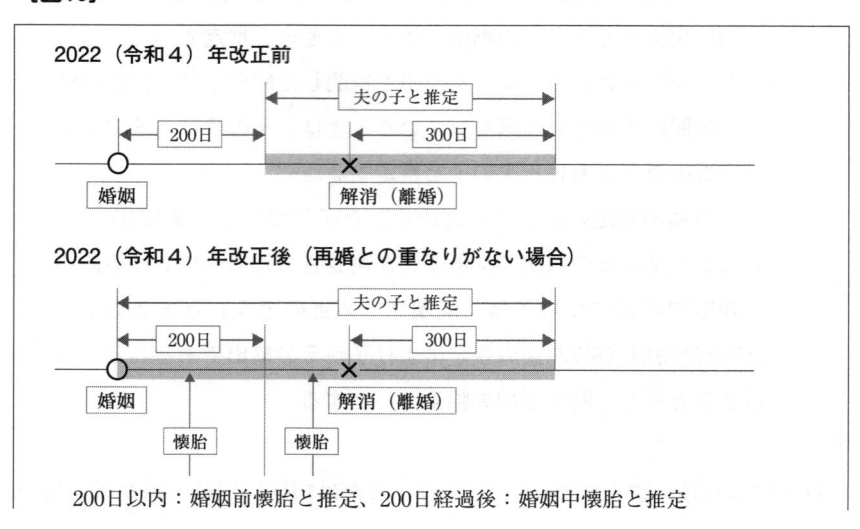

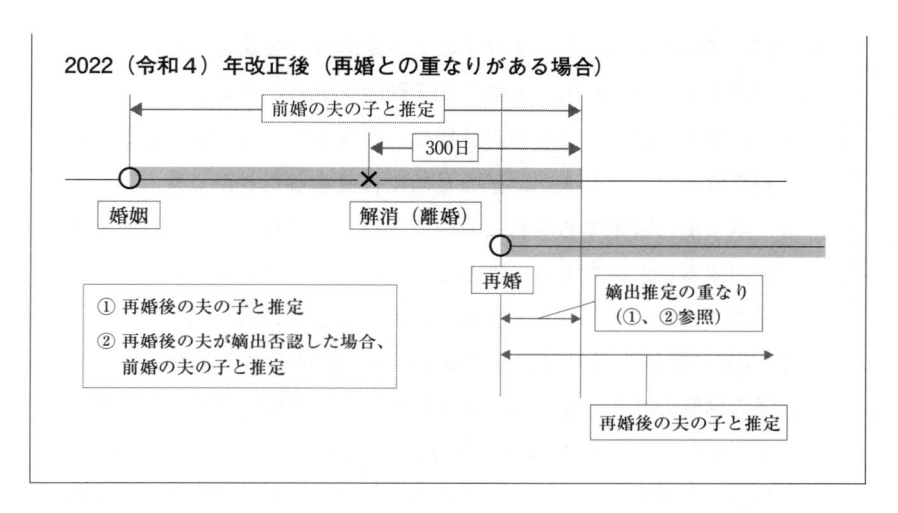

(3) 嫡出否認制度の改正

① 嫡出否認権者の拡大

　嫡出推定を覆すためには、嫡出否認の訴えによらなければならないものとされている（民法775条）。2022（令和4）年の民法改正までは、嫡出否認の否認権者が夫に限定されていたため、特に離婚後に夫の協力を得ることは困難であって、不都合が多かった。そこで2022（令和4）年の民法改正では、嫡出否認の否認権者を母や子どもにも拡大することとした。否認権者の条文の変遷は次のとおりである。

《嫡出否認権者の変遷》

2022（令和4）年改正前の774条

　第772条の場合において、夫は、子が嫡出であることを否認することができる。

⇩

2022（令和4）年改正後の774条

（嫡出の否認）

> **第774条**　第772条の規定により子の父が定められる場合において、父又は子は、子が嫡出であることを否認することができる。
>
> 　2　前項の規定による子の否認権は、親権を行う母、親権を行う養親又は未成年後見人が、子のために行使することができる。
>
> 　3　第1項に規定する場合において、母は、子が嫡出であることを否認することができる。ただし、その否認権の行使が子の利益を害することが明らかなときは、この限りでない。
>
> 　4　第772条第3項の規定により子の父が定められる場合において、子の懐胎の時から出生の時までの間に母と婚姻していた者であって、子の父以外のもの（以下「前夫」という。）は、子が嫡出であることを否認することができる。ただし、その否認権の行使が子の利益を害することが明らかなときは、この限りでない。
>
> 　5　前項の規定による否認権を行使し、第772条第4項の規定により読み替えられた同条第3項の規定により新たに子の父と定められた者は、第1項の規定にかかわらず、子が自らの嫡出であることを否認することができない。

　まず、1項で当事者である父または子が嫡出否認権を有する。2項では、子の代理権者の否認権の代理行使を定めている。3項では、母固有の嫡出否認権を定めているが、母の権利行使が子の利益を害することもありうるため、「子の利益を害することが明らかなとき」は、母固有の嫡出否認権の行使は認められないものとされている。

　嫡出推定が重なった場合、直近の再婚の夫の子という推定が優先することとなるが、前夫にも法律上の父となるべく争う機会を保障することとし、4項で前夫に嫡出否認権を認めている。ここでも母の嫡出否認権と同様、ただし書で「子の利益を害することが明らかなとき」は、嫡出否認権の行使は認められないものとされている。このただし書における否認権行使が子の利益

を害することが明らかな場合とは、個別具体的な事案に応じて判断されるものとされているものの、自ら子を養育する意思があるか否かが重要な意味を有しているとされており、子と前夫との間に生物学上の父子関係があるか否かという事実が判明されていれば、それが重要な事情となるものと考えられている（佐藤隆幸編著『一問一答・令和4年民法等改正　親子法制の見直し』（商事法務、2024年）50頁）。

　そして、この774条4項で再婚後の夫の子という嫡出推定が否認された場合には、その再婚後の夫との婚姻を除く直近の婚姻における夫の子と推定することとしているため（民法772条4項）、その前夫自身が自らの子であるとの嫡出推定をも否認することは、子どもの父親を失わせることとなり、前夫に嫡出否認権を付与した趣旨に反することとなるのであって、5項で自らの子であるとの嫡出推定を否認することはできないものとされている。

②　嫡出否認の訴えの改正

　嫡出否認の訴えに関しては、2022（令和4）年改正前は、夫の嫡出否認権は、子または親権を行う母に対する嫡出否認の訴えによって行うものとされ、親権を行う母がないときは、家庭裁判所は、特別代理人を選任しなければならないとされていた（改正前の民法775条）。しかし、2022（令和4）年の改正によって、否認権者が拡大したことから、嫡出否認権ごとに嫡出否認の訴えの被告適格を定めなければならないこととなる。

　そこで、次のように定めている。

①　父又は子の嫡出否認権に基づく嫡出否認の訴えの被告適格
　⇒　他方当事者。ただし、父が子に対して嫡出否認の訴えを提起する場合には、親権を行う母も被告となりうる（民法775条1項1号・2号）
②　母の固有の嫡出否認権に基づく嫡出否認の訴えの被告適格
　⇒　他方当事者である父のみ（同条同項3号）
③　前夫の嫡出否認権に基づく嫡出否認の訴えの被告適格
　⇒　父及び子又は親権を行う母（同条同項4号）

　なお、改正前の親権を行う母がないときは、家庭裁判所は、特別代理人を選任しなければならないとの規定は、改正後も親権を行う母を被告として嫡出否認権を行使しようとする場合には同様に必要であるため、民法775条2項として存続している。また、子が死亡した場合には、嫡出否認の訴えは目的が失われることから、訴訟は当然に終了し、父が死亡した場合には、検察官を被告として嫡出否認の訴えを提起することとなる（人事訴訟法12条3項（以下、「人訴」と略す。））。

　以上の民法775条は次のような条文となっている。

民法

（嫡出否認の訴え）

第775条　次の各号に掲げる否認権は、それぞれ当該各号に定める者に対する嫡出否認の訴えによって行う。

　　一　父の否認権　子又は親権を行う母

　　二　子の否認権　父

　　三　母の否認権　父

　　四　前夫の否認権　父及び子又は親権を行う母

　2　前項第1号又は第4号に掲げる否認権を親権を行う母に対し行使しようとする場合において、親権を行う母がないときは、家庭裁判所は、特別代理人を選任しなければならない。

---

③　嫡出の承認の改正

　民法には、2022（令和4）年の改正前から、「嫡出の承認」という条文が存在している（民法776条）。それは、「夫は、子の出生後において、その嫡出であることを承認したときは、その否認権を失う。」というものであった。身分占有と明記した1890（明治23）年の旧民法94条は、当時のフランス民法321条を翻訳したものであったが、民法典論争を経て、当時のドイツ民法草

案にならって現行民法776条の前身である明治民法824条に変更されたところ、手続規定はもうけられなかった。

もっとも、2022（令和4）年の改正では、否認権者が拡大されたことから、嫡出の承認についても、母を含める改正を行っている。ただし、嫡出の承認の手続に関する新たな規律は何ももうけないこととされたようである。

④　嫡出否認の訴えの出訴期間の伸長

2022（令和4）年の改正前の嫡出否認の訴えの出訴期間は、夫が子の出生を知った時から1年以内に提起しなければならないとされていた（改正前民法777条）。確かに出訴期間を制限すれば、父子関係を早期に安定させることになる。しかし、子どもが歩けるようになるかならないかというころまでに嫡出否認の訴えを提起しなければならないのであるから、1年ではあまりに短すぎるように思われる。

したがって、2022（令和4）年の改正では、出訴期間を原則として3年に伸長するとともに、その起算点を子の出生を知りうる立場にあるかどうかで区別することとしている。つまり、母及び子については、子の出生の時とし、父及び前夫については、子の出生を知った時としている（改正後民法777条）。

また、再婚後の夫の子であるとの嫡出推定が否認されたことによって、新たに前夫の子と嫡出推定されることとなった場合において、さらに前夫の子との嫡出推定を否認しようとするときには、嫡出否認の訴えの出訴期間の起算点を、すべての否認権者に一律に再婚後の夫の子との嫡出推定を否認する裁判が確定した時から1年としている（改正後民法778条）。

さらに、子の嫡出否認権の出訴期間については、子が父と継続して同居した期間が3年を下回る場合には、子が成年（18歳）に達した後3年間の熟慮期間を付与して子が21歳に達するまでの間は訴えを提起できることとしている（改正後民法778条の2第2項）。ただし、子の否認権の行使が父による養育の状況に照らして父の利益を著しく害するときは、この限りでないともされている（同項ただし書）。なお、この特則は、親権を行う母、親権を行う

養親、未成年後見人には適用されない（同条3項）。また、前夫の嫡出否認権については、前夫による否認権行使が母の再婚後の家庭に介入する性質を帯びていることから、子が成年に達した後には、否認権を行使できないものとされている（同条4項）。それらの具体的な条文は次のようになっている。

民法

（嫡出否認の訴えの出訴期間）

第777条　次の各号に掲げる否認権の行使に係る嫡出否認の訴えは、それぞれ当該各号に定める時から3年以内に提起しなければならない。

　一　父の否認権　父が子の出生を知った時

　二　子の否認権　その出生の時

　三　母の否認権　子の出生の時

　四　前夫の否認権　前夫が子の出生を知った時

第778条　第772条第3項の規定により父が定められた子について第774条の規定により嫡出であることが否認されたときは、次の各号に掲げる否認権の行使に係る嫡出否認の訴えは、前条の規定にかかわらず、それぞれ当該各号に定める時から1年以内に提起しなければならない。

　一　第772条第4項の規定により読み替えられた同条第3項の規定により新たに子の父と定められた者の否認権　新たに子の父と定められた者が当該子に係る嫡出否認の裁判が確定したことを知った時

　二　子の否認権　子が前号の裁判が確定したことを知った時

　三　母の否認権　母が第1号の裁判が確定したことを知った時

　四　前夫の否認権　前夫が第1号の裁判が確定したことを知った時

第778条の２　第777条（第２号に係る部分に限る。）又は前条（第２
号に係る部分に限る。）の期間の満了前６箇月以内の間に親権を
行う母、親権を行う養親及び未成年後見人がないときは、子は、
母若しくは養親の親権停止の期間が満了し、親権喪失若しくは親
権停止の審判の取消しの審判が確定し、若しくは親権が回復され
た時、新たに養子縁組が成立した時又は未成年後見人が就職した
時から６箇月を経過するまでの間は、嫡出否認の訴えを提起する
ことができる。

　２　子は、その父と継続して同居した期間（当該期間が２以上ある
ときは、そのうち最も長い期間）が３年を下回るときは、第777
条（第２号に係る部分に限る。）及び前条（第２号に係る部分に
限る。）の規定にかかわらず、21歳に達するまでの間、嫡出否認
の訴えを提起することができる。ただし、子の否認権の行使が父
による養育の状況に照らして父の利益を著しく害するときは、こ
の限りでない。

　３　第774条第２項の規定は、前項の場合には、適用しない。

　４　第777条（第４号に係る部分に限る。）及び前条（第４号に係る
部分に限る。）に掲げる否認権の行使に係る嫡出否認の訴えは、
子が成年に達した後は、提起することができない。

　以上の嫡出否認の訴えに関して、被告適格と出訴期間をまとめておくと、
次のとおりとなる。

父が原告となる場合　⇒　被告は子又は親権を行う母（いない場合特
別代理人）
　　出訴期間：子の出生を知った時から３年間
子が原告となる場合　⇒　被告は父

> 出訴期間：出生の時から３年間。父と同居３年未満なら21歳まで
> 母が原告となる場合 ⇒ 被告は父
> 出訴期間：出生の時から３年間
> 前夫が原告となる場合 ⇒ 被告は父、子、親権を行う母（いない場合特別代理人）
> 出訴期間：子の出生を知った時から３年間。子が成年に達した後は不可
>
> ⇩
>
> 再婚後の夫が嫡出推定否認の場合、すべての出訴期間（裁判確定時から１年間）
> 被告適格者が死亡した場合
> ・子が死亡した場合：訴訟は当然終了
> ・父が死亡した場合：検察官が被告
> ・親権を行う母が死亡した場合：特別代理人

⑤ 父の監護費用の償還の制限

　嫡出推定が否認された場合、父親がそれまでに支出した子どもの監護費用に関しては、扶養義務が遡ってなかったこととなるため、不当利得返還請求の対象となりうることとなる。しかし、それを厳密に認めるとなると、不当利得返還請求をおそれて嫡出否認権の行使をためらうことにもなりかねない。

　そうだとすれば、子の利益を保護するという政策的な視点から、嫡出推定が否認された場合であっても、過去の子どもの監護費用の返還請求はできないこととすることに合理性があると思われる。そのため、2022（令和４）年の改正民法は、父の監護費用の償還請求を制限することとしている（改正後民法778条の３）。

　なお、判例によって認められている、いわゆる「推定の及ばない子」について、親子関係不存在確認訴訟が提起されて親子関係不存在が確認された場

合において、過去の監護費用の不当利得返還請求が認められるかという問題に対しても、民法778条の３を類推適用することがありうることも指摘されている（前掲・佐藤隆幸編著『一問一答・令和４年民法等改正』89頁）。

　民法778条の３は次のような条文である。

　　民法
　　（子の監護に要した費用の償還の制限）
　第778条の３　第774条の規定により嫡出であることが否認された場合であっても、子は、父であった者が支出した子の監護に要した費用を償還する義務を負わない。

---

⑥　相続開始後の嫡出否認による推定子の価額支払請求権の新設

　再婚後の夫の子との嫡出推定が否認されたことによって、前夫が子の父と定められた場合、その前夫がすでに死亡していたときは、その子は前夫の相続人となることになる。したがって、前夫の共同相続人がすでに遺産分割協議等を終了していたときであっても、特別の規定がない限り、その遺産分割協議等はその子を含まないで行われた無効なものとして、遺産分割をやり直さなければならないこととなる。

　しかし、それでは著しく法的安定性を欠くことになる。特に2022（令和４）年の改正で嫡出否認の出訴期間を伸長する改正が行われているのであるから、なおさらである。そこで、遺産分割協議等の終了後に死後認知が認められた場合の特別規定である民法910条を参考として、遺産分割協議等の終了後に嫡出推定が否認されて前夫が父と定められた場合においても、遺産分割協議等のやり直しをさせるのではなく、価額の支払請求権を保障することとしている。その条文は次のとおりである。

> **民法**
>
> （相続の開始後に新たに子と推定された者の価額の支払請求権）
>
> 第778条の４　相続の開始後、第774条の規定により否認権が行使され、第772条第４項の規定により読み替えられた同条第３項の規定により新たに被相続人がその父と定められた者が相続人として遺産の分割を請求しようとする場合において、他の共同相続人が既にその分割その他の処分をしていたときは、当該相続人の遺産分割の請求は、価額のみによる支払の請求により行うものとする。

⑷　認知制度の見直し　認知無効の訴えの出訴期間の制限等

　認知無効の訴えは、2022（令和４）年の改正前には、出訴期間の制限はもうけられていなかった。嫡出子については、2022（令和４）年の改正前には、嫡出否認権者は夫に限定されており、出訴期間が１年と短く設定され、親子関係を覆すためには嫡出否認の訴えによらなければならなかったにもかかわらず、嫡出でない親子関係を覆すためには認知無効の訴えを利害関係人なら誰でもいつでも提起できるようになっていたのであって、嫡出関係と嫡出でない関係とでは、著しく均衡を失する取扱いとなっていた。

　嫡出否認の訴えに関しては、前述したように、嫡出否認権者も拡大され、出訴期間も伸長された。したがって、認知無効の訴えに関しても、提訴権者を限定するとともに、出訴期間を制限することとされたのである。改正民法786条１項では、認知無効の提訴権者を、子またはその法定代理人、認知をした者、子の母に限定するとともに、出訴期間につき、認知をした者は認知をした時から７年間、それ以外の者は認知を知った時から７年間に制限することとした。

　また、子による認知無効の訴えは、嫡出否認の訴えと同様に、子が認知者

と継続して同居した期間が3年を下回る場合には、子が成年（18歳）に達した後3年間の熟慮期間を付与して子が21歳に達するまでの間は訴えを提起できることとしている（改正民法786条2項）。ただし、ここでも嫡出否認の訴えと同様、子による認知の無効の主張が認知をした者による養育の状況に照らして認知をした者の利益を著しく害するときは、この限りでないとされている（同項ただし書）。なお、この特則は、嫡出否認の訴えと同様、子の法定代理人には適用されない（同条3項）。さらに、認知無効による父の監護費用の償還に関しても、嫡出否認の訴えと同様、子は監護費用の償還義務は負わないものとされている（同条4項）。その条文は次のとおりである。

民法

（認知の無効の訴え）

第786条 次の各号に掲げる者は、それぞれ当該各号に定める時（第783条第1項の規定による認知がされた場合にあっては、子の出生の時）から7年以内に限り、認知について反対の事実があることを理由として、認知の無効の訴えを提起することができる。ただし、第3号に掲げる者について、その認知の無効の主張が子の利益を害することが明らかなときは、この限りでない。

　一　子又はその法定代理人　子又はその法定代理人が認知を知った時

　二　認知をした者　認知の時

　三　子の母　子の母が認知を知った時

2　子は、その子を認知した者と認知後に継続して同居した期間（当該期間が2以上あるときは、そのうち最も長い期間）が3年を下回るときは、前項（第1号に係る部分に限る。）の規定にかかわらず、21歳に達するまでの間、認知の無効の訴えを提起することができる。ただし、子による認知の無効の主張が認知をした者による養育の状

> 況に照らして認知をした者の利益を著しく害するときは、この限りでない。
>
> 3　前項の規定は、同項に規定する子の法定代理人が第1項の認知の無効の訴えを提起する場合には、適用しない。
>
> 4　第1項及び第2項の規定により認知が無効とされた場合であっても、子は、認知をした者が支出した子の監護に要した費用を償還する義務を負わない。

　なお、認知無効の訴えについては、2022（令和4）年の改正前には、認知無効の訴えの提訴権者が法定されていなかったため、認知者自らが認知無効の訴えを提起できるかに関して、権利濫用の法理の適用によって提訴を制限することもありうることが示されていた（最判平成26年1月14日民集68巻1号1頁）。2022（令和4）年改正によって認知無効の訴えの出訴権者に、認知をした者が明記されることになった。

　認知無効の訴えに関して、提訴権者と出訴期間をまとめておくと、次のとおりとなる。なお、認知無効の提訴権者が死亡した場合については、子が死亡したときには、子の死亡の日から1年以内に限って、子の直系卑属が認知無効の訴えを提起できるものとしている（改正人訴43条2項）。認知者が死亡したときには、認知をした者の三親等内の血族が認知をした者の死亡の日から1年以内に限って、認知無効の訴えを提起できるものとしている（改正人訴43条1項）。子の母が死亡したときには、相続等の観点から認知無効の提訴権者たる地位の承継を認めるべき必要性はないと思われるため、特別な規律はもうけられていない。

> **子又は法定代理人**
>
> ⇒　出訴期間：子又は法定代理人が認知を知った時から7年間。子が認知者と同居3年未満なら21歳まで

認知をした者
　⇒　出訴期間：認知の時から７年間

子の母
　⇒　出訴期間：認知を知った時から７年間

⇩

提訴権者が死亡した場合
　⇒　子が死亡した場合：直系卑属は、子の死亡日から１年以内に提訴可能
　⇒　認知者が死亡した場合：認知者の三親等内の親族は、認知者の死亡日から１年以内に提訴可能
　⇒　子の母が死亡した場合：規律はなし

③　養　子

⑴　普通養子

　普通養子に関しては、2024（令和６）年の民法改正によって、養子縁組がなされた場合の親権者を明確化すること、並びに、未成年養子縁組及びその離縁の代諾に関する規律をもうけることが改正対象となっている。親権者の明確化については、親権の章で論じることとし、ここでは、未成年養子縁組及びその離縁の代諾に関する規律について述べておくこととする。

　まず、養子となる者が15歳未満である場合、その子の法定代理人は代諾することができ、その子の父母で監護すべき者の同意を得なければならないこととされているが（民法797条２項）、父母間で協議が調わない場合のことに関しては規律が存在しなかった。そこで、民法797条３項を追加し、家庭裁判所の同意に代わる許可の条項を新設することとした。また、離縁の代諾についても民法811条３項・４項に協議に代わる審判の条項を新設すること

している。それらの条文は次のようになっている。

民法

（15歳未満の者を養子とする縁組）

第797条　養子となる者が15歳未満であるときは、その法定代理人が、これに代わって、縁組の承諾をすることができる。

　2　法定代理人が前項の承諾をするには、養子となる者の父母でその監護をすべき者であるものが他にあるときは、その同意を得なければならない。養子となる者の父母で親権を停止されているものがあるときも、同様とする。

　3　第1項の縁組をすることが子の利益のため特に必要であるにもかかわらず、養子となる者の父母でその監護をすべき者であるものが縁組の同意をしないときは、家庭裁判所は、養子となる者の法定代理人の請求により、その同意に代わる許可を与えることができる。同項の縁組をすることが子の利益のため特に必要であるにもかかわらず、養子となる者の父母で親権を停止されているものが縁組の同意をしないときも、同様とする。

　4　第1項の承諾に係る親権の行使について第824条の2第3項に規定する請求を受けた家庭裁判所は、第1項の縁組をすることが子の利益のため特に必要であると認めるときに限り、同条第3項の規定による審判をすることができる。

（協議上の離縁等）

第811条　（1～3は略）

　4　前項の協議が調わないとき、又は協議をすることができないときは、家庭裁判所は、同項の父若しくは母又は養親の請求によって、協議に代わる審判をすることができる。この場合においては、第819第7項の規定を準用する。

　普通養子に関する法改正の状況は以上のとおりであるが、この30年間における重要判例としては、節税養子の有効性に関する判例（最判平成29年1月31日民集71巻1号48頁）がある。

　これは、節税目的で祖父が孫と養子縁組したことに対し、他の子ら（孫の叔母ら）が養子縁組は無効と争った事案である。その事案を図示すると、**[図11]** のようなものである。

[図11]

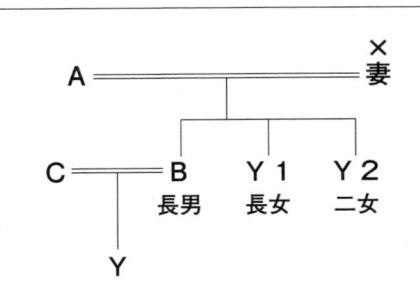

平成23年：Y出生

平成24年3月：Aの妻が死亡

　　　　4月：AとYが養子縁組（BCが代諾）

　　　10月：AとBの関係が悪化し、Aは離縁届を提出。

平成25年2月：Yは、Aに対して、離縁無効確認請求訴訟を提起し、Aは養子縁組無効確認を求める反訴を提起したが、A死亡によって反訴は終了し、本訴は検察官が受継した。

平成26年3月：離縁無効確認判決の言い渡し。

　　　　　⇒　Y1とY2が養子縁組無効確認請求訴訟を提起

以上の事案につき、最高裁は、次のように判示した。

　まず、「養子縁組は、嫡出親子関係を創設するものであり、養子は養親の相続人となるところ、養子縁組をすることによる相続税の節税効果は、相続人の数が増加することに伴い、遺産に係る基礎控除額を相続人の数に応じて算出するものとするなどの相続税法の規定によって発生し得るものである」として、節税のために養子縁組を行うことの節税効果を述べている。

　そして、節税のための養子縁組につき、「相続税の節税のために養子縁組をすることは、このような節税効果を発生させることを動機として養子縁組をするものにほかならず、相続税の節税の動機と縁組をする意思とは、併存し得るものである」として、節税養子であっても、本来の養子縁組の意思とは併存できるものであって、矛盾することはないとする。

　したがって、結論としては、「専ら相続税の節税のために養子縁組をする場合であっても、直ちに当該養子縁組について民法802条1号にいう『当事者間に縁組をする意思がないとき』に当たるとすることはできない」として、「本件養子縁組について、縁組をする意思がないことをうかがわせる事情はな」いため、本件養子縁組を無効とすることはできないとした。

　この最高裁判決は、かなり柔軟に節税養子を許容することになったものと考えられる。もっとも、本件のような形で祖父や祖母が孫と養子縁組を行うことは、かねてより一般化しているところであって、最高裁も正面から効果意思を厳密に検討して無効とする結論は導きかねたのではないかと思われる。したがって、養子縁組について、このような柔軟な解釈が許容されるとなると、同性パートナーシップにおける相続や遺贈との代替機能を有する養子縁組という便法も許容される可能性があるだろう。ただし、同性パートナーシップにおける養子縁組という便法は、本来の養子縁組と併存できるとまでは言い切れないのではないかということにも注意しておきたい。

⑵　特別養子

　特別養子制度は、1987（昭和62）年の民法改正で創設された制度であり、

非断絶型・契約型の普通養子縁組に対して、断絶型・審判型の特別養子縁組が登場することとなったのである。創設段階から2019（令和元）年の民法改正前の特別養子縁組の成立要件と効果は、次のようなものであった。

《令和元年改正前の特別養子縁組の成立要件と効果》

1　成立要件
　(1)　家庭裁判所の審判（817条の2）
　(2)　養親適格
　　①　法律婚かつ夫婦共同縁組（817条の3）
　　②　一方が原則として25歳以上（817条の4）
　(3)　養子適格（817条の5）―原則として6歳未満
　(4)　実父母の同意（817条の6）―虐待等の場合は不要
　(5)　要保護性要件（817条の7）
　(6)　試験養育期間（817条の8）
2　効果
　(1)　実父母・実方の親族関係の終了（817条の9）―ただし、近親婚の禁止の効果は残る。
　(2)　離縁の制限（817条の10）―養子・実父母・検察官による離縁審判の申立てのみ。

　2019（令和元）年には、この特別養子制度の見直しが行われた。その背景には、児童養護施設の入所児童数約4万5,000人（平成30年3月末時点）に対し、特別養子縁組の成立審判件数は、年間500件から600件にとどまっており、児童養護施設の入所児童に特別養子制度の利用を促進することによって、家庭的な養育環境を提供するためであったとされている（山口敦士・倉重龍輔編著『一問一答・令和元年民法等改正　特別養子制度の見直し』（商事法

務、2020年）2頁）。

　筆者も多少は児童福祉に関わってきているが、児童養護施設の入所児童の多くが被虐待児となっている。施設によっては、被虐待児の割合が9割を超えているところもある。そうすると、特別養子制度を児童養護施設の入所児童に家庭的な養育環境を提供するという目的は、そのまま被虐待児に虐待のない家庭的な養育環境を提供することを目的とすることにほかならないこととなる。

　これまでの被虐待児に対する非常に困難な支援は、養子縁組という支援枠組みが難しいからこそ、里親の方々が相当な困難を抱えながら頑張ってこられたという歴史があり、筆者も里親会の方々からさまざまなお話しをうかがってきた。特別養子の年齢を引き上げるだけで簡単に済む問題ではないと思われる。もちろん、法制度を改正することによって、一人でも多くの被虐待児が救われることになれば、それ以上のことはないのであり、法改正に関わられた委員や幹事の先生方、法務省の立法担当者には敬意を表する。

　しかし、たった7カ月の審議をもって（前掲・山口＝倉重編著『一問一答・令和元年民法等改正　特別養子制度の見直し』7頁）、特別養子の年齢を引き上げるのは少し乱暴な取り組み方ではなかっただろうか。筆者が気にしているのは、特別養子の成功例数という好影響のほうではなく、里親会の方々に対する不信の誘発ややる気を削いだ悪影響のほうである。そういう意味では、児童虐待に対して「やってる感」を醸成するための政治的な法改正であった疑念をぬぐい切れない。

　法制審議会特別養子制度部会の部会長であった大村敦志教授も、「養子法改正では、最初から特定の点についてのみ強い要請が存在していた。立案当局はこれを制御しようとしたが、最終的には政治的な配慮をせざるをえなかった」と述べている（大村敦志・窪田充見編『解説・民法（相続法）改正のポイント』（有斐閣、2019年）238頁）。もしかすると、筆者の指摘とはズレているのかもしれないが、大変なご苦労があったことだけは確かである。

　2019（令和元）年の民法改正では、①養子となる者の年齢の上限を引き上げること、②特別養子縁組の成立手続を見直して2段階手続とすることの2つが主たる改正点であった。

　まず、①の養子となる者の年齢の上限に関しては、上記のとおり、改正前は原則6歳未満であったところ、この上限を16歳未満に引き上げる改正である。条文の変遷については、次のとおりである。

《民法817条の5の変遷》

（養子となる者の年齢）

第817条の5　第817条の2に規定する請求の時に6歳に達している者は、養子となることができない。ただし、その者が8歳未満であって6歳に達する前から引き続き養親となる者に監護されている場合は、この限りでない。

⇩

（養子となる者の年齢）

第817条の5　第817条の2に規定する請求の時に15歳に達している者は、養子となることができない。特別養子縁組が成立するまでに18歳に達した者についても、同様とする。

　2　前項前段の規定は、養子となる者が15歳に達する前から引き続き養親となる者に監護されている場合において、15歳に達するまでに第817条の2に規定する請求がされなかったことについてやむを得ない事由があるときは、適用しない。

　3　養子となる者が15歳に達している場合においては、特別養子縁組の成立には、その者の同意がなければならない。

　また、2019（令和元）年の民法改正では、②の特別養子縁組の成立手続を2段階手続とする改正も行われた。この2段階というのは、まず、第1段階

の審判つまり「特別養子適格の確認の審判または児童相談所長の申立てによる特別養子適格の確認の審判」の段階と、それが確定した後の第2段階の審判「特別養子縁組の成立の審判」の段階に分けられたということである。

　第1段階の審判は、養子に関する要件（871条の5）や実親に関する要件（817条の6、817条の7）などの実親による養育状況等の実親側の事情を審理することとなり、第2段階の審判は、6カ月以上の試験養育期間の状況などを踏まえて、養親子間のマッチング等の養親側の事情を審理することとなるとされている（家事事件手続法164条（以下、「家事手続」と略す。）、同条の2）。つまり、実親側の審理と養親側の審理とを区分することによって、事後的な実親の撤回や関与を制限することを目的としたものである。少し長いが、家事事件手続法164条、164条の2の条文を一部省略して掲げておくこととする。

家事事件手続法

（特別養子縁組の成立の審判事件）

第164条　特別養子縁組の成立の審判事件は、養親となるべき者の住所地を管轄する家庭裁判所の管轄に属する。

　2　養子となるべき者は、特別養子適格の確認（養子となるべき者について民法第817条の6に定める要件があること及び同法第817条の7に規定する父母による養子となる者の監護が著しく困難又は不適当であることその他特別の事情がある場合に該当することについての確認をいう。以下この条及び次条において同じ。）の審判（申立人の同条第1項の規定による申立てによりされたものに限る。）を受けた者又は児童相談所長の申立てによる特別養子適格の確認の審判（特別養子縁組の成立の申立ての日の6箇月前の日以後に確定したものに限る。）を受けた者でなければならない。

3　養子となるべき者の親権者（申立人の配偶者である民法第817条の３第２項ただし書に規定する他の一方を除く。以下この項において同じ。）及びその親権者に対し親権を行う者は、特別養子縁組の成立の審判事件において養子となるべき者を代理して手続行為をすることができない。

4　（略）

5　（略）

6　家庭裁判所は、特別養子縁組の成立の審判をする場合には、次に掲げる者の陳述を聴かなければならない。

一　養子となるべき者（15歳以上のものに限る。）

二　養子となるべき者に対し親権を行う者（養子となるべき者の父母及び養子となるべき者の親権者に対し親権を行う者を除く。）及び養子となるべき者の未成年後見人

7　特別養子適格の確認の審判（児童相談所長の申立てによる特別養子適格の確認の審判を含む。以下この項において同じ。）は、特別養子縁組の成立の審判事件の係属する裁判所を拘束する。この場合において、特別養子適格の確認の審判は、特別養子縁組の成立の審判事件との関係においては、特別養子縁組の成立の審判をする時においてしたものとみなす。

8　特別養子縁組の成立の審判は、第74条第１項に規定する者のほか、第６項第２号に掲げる者に告知しなければならない。

9　特別養子縁組の成立の審判は、養子となるべき者の年齢及び発達の程度その他一切の事情を考慮してその者の利益を害すると認める場合には、その者に告知することを要しない。ただし、養子となるべき者が15歳に達している場合は、この限りでない。

10　特別養子縁組の成立の審判は、養子となるべき者の父母に告知することを要しない。ただし、住所又は居所が知れている父母に

対しては、審判をした日及び審判の主文を通知しなければならない。

11　家庭裁判所は、第2項の規定にかかわらず、特別養子縁組の成立の審判を、特別養子適格の確認の審判と同時にすることができる。この場合においては、特別養子縁組の成立の審判は、特別養子適格の確認の審判が確定するまでは、確定しないものとする。

12　家庭裁判所は、前項前段の場合において、特別養子適格の確認の審判を取り消す裁判が確定したときは、職権で、特別養子縁組の成立の審判を取り消さなければならない。

13　特別養子縁組の成立の審判は、養子となるべき者が18歳に達した日以後は、確定しないものとする。この場合においては、家庭裁判所は、職権で、その審判を取り消さなければならない。

14　次の各号に掲げる審判に対しては、当該各号に定める者は、即時抗告をすることができる。

一　特別養子縁組の成立の審判　養子となるべき者及び第6項第2号に掲げる者

二　特別養子縁組の成立の申立てを却下する審判　申立人

15　養子となるべき者（15歳未満のものに限る。）による特別養子縁組の成立の審判に対する即時抗告の期間は、養子となるべき者以外の者が審判の告知を受けた日（2以上あるときは、当該日のうち最も遅い日）から進行する。

（特別養子適格の確認の審判事件）

第164条の2　家庭裁判所は、養親となるべき者の申立てにより、その者と養子となるべき者との間における縁組について、特別養子適格の確認の審判をすることができる。ただし、養子となるべき者の出生の日から2箇月を経過する日まで及び養子となるべき者が18歳に達した日以後は、この限りでない。

2 特別養子適格の確認の審判事件は、養親となるべき者の住所地を管轄する家庭裁判所の管轄に属する。

3 特別養子適格の確認の申立ては、特別養子縁組の成立の申立てと同時にしなければならない。

4 （略）

5 民法第817条の6本文の同意は、次の各号のいずれにも該当する場合には、撤回することができない。ただし、その同意をした日から2週間を経過する日までは、この限りでない。

一 養子となるべき者の出生の日から2箇月を経過した後にされたものであること。

二 次のいずれかに該当するものであること。

イ 家庭裁判所調査官による事実の調査を経た上で家庭裁判所に書面を提出してされたものであること。

ロ 審問の期日においてされたものであること。

6 家庭裁判所は、特別養子適格の確認の審判をする場合には、次に掲げる者の陳述を聴かなければならない。この場合において、第2号に掲げる者の同意がないにもかかわらずその審判をするときは、その者の陳述の聴取は、審問の期日においてしなければならない。

一 養子となるべき者（15歳以上のものに限る。）

二 養子となるべき者の父母

三 養子となるべき者に対し親権を行う者（前号に掲げる者を除く。）及び養子となるべき者の未成年後見人

四 養子となるべき者の父母に対し親権を行う者及び養子となるべき者の父母の後見人

7 家庭裁判所は、特別養子縁組の成立の申立てを却下する審判が確定したとき、又は特別養子縁組の成立の申立てが取り下げられ

たときは、当該申立てをした者の申立てに係る特別養子適格の確認の申立てを却下しなければならない。

8　家庭裁判所は、特別養子適格の確認の申立てを却下する審判をする場合には、第6項第2号及び第3号に掲げる者の陳述を聴かなければならない。

9　特別養子適格の確認の審判は、第74条第1項に規定する者のほか、第6項第3号及び第4号に掲げる者に告知しなければならない。

10　特別養子適格の確認の審判は、養子となるべき者の年齢及び発達の程度その他一切の事情を考慮してその者の利益を害すると認める場合には、その者に告知することを要しない。

11　家庭裁判所は、特別養子適格の確認の審判をする場合において、第6項第2号に掲げる者を特定することができないときは、同号及び同項第四号に掲げる者の陳述を聴くこと並びにこれらの者にその審判を告知することを要しない。

12　次の各号に掲げる審判に対しては、当該各号に定める者は、即時抗告をすることができる。

　一　特別養子適格の確認の審判　養子となるべき者及び第6項第2号から第4号までに掲げる者

　二　特別養子適格の確認の申立てを却下する審判　申立人

13　養子となるべき者による特別養子適格の確認の審判に対する即時抗告の期間は、養子となるべき者以外の者が審判の告知を受けた日（2以上あるときは、当該日のうち最も遅い日）から進行する。

14　特別養子縁組の成立の申立てを却下する審判が確定したとき、又は特別養子縁組の成立の申立てが取り下げられたときは、当該申立てをした者の申立てによる特別養子適格の確認の審判は、そ

の効力を失う。

 4 人工生殖子

(1)　重要判例の展開

　人工生殖子（生殖補助医療によって出生した子）については、親子関係を
どのように規律すべきかいまだ立法による解決は不十分である。生殖補助医
療には、配偶者間人工授精（AIH：Artificial Insemination by Husband）、
非配偶者間人工授精（AID：Artificial Insemination by Donor）などがある。
代理懐胎には、夫の精子を第三者の女性に注入する代理母出産（surrogate
mother）、依頼者夫婦の受精卵を第三者の女性の子宮に移植する借り腹出産
（host mother）などがある。

　女性の生殖に関する権利を認めるとしても、生まれてくる子どもという存
在がある限り、女性の自己決定権では問題は完結しない。したがって、生命
倫理の問題から具体的な親子間の規律に関する問題まで、広く立法によって
解決していかなければならないところ、2020（令和2）年に生殖補助医療法
が成立して一部の問題について明文化したにとどまっている。生殖補助医療
法の内容と課題については、後述することとするが、生殖補助医療法で規律
することとなった判例をここで検討しておくこととする。

　まず、母子関係については、体外受精型代理母契約によって出産してもら
った出生子の母親をどのように定めるべきかが裁判で問題となった最高裁決
定がある（最決平成19年3月23日民集61巻2号619頁）。その事案は、有名で
あると思われるが、次のようなものである。

　X1ががん治療によって子宮摘出手術を受けているため、X1とX2の夫
婦はアメリカのネバダ州在住の女性Aとの間で代理出産契約を締結し、X2
の精子とX1の卵子による受精卵をAの子宮に移植して、Aは双子B・Cを

出産した。ネバダ州では、代理出産契約を有効とし、代理出産契約によって出生した子を依頼者夫婦の子として取り扱うこととしており、ネバダ州の裁判所はB・CをX1ら夫婦の子として確認した。そこでX1らが帰国して品川区長にB・CをX1らの嫡出子とする出生届を提出したところ、品川区長YはX1には分娩の事実がないとして、当該出生届を受理しなかった。したがって、X1らは、出生届の受理を命じることを求める申立てを行ったというものである。

この事案において、最高裁は、次のように判示した。

まず、外国判決の効力が認められるかについては、「外国裁判所の判決が民訴法118条により我が国においてその効力を認められるためには、判決の内容が我が国における公の秩序又は善良の風俗に反しないことが要件とされているところ、外国裁判所の判決が我が国の採用していない制度に基づく内容を含むからといって、その一事をもって直ちに上記の要件を満たさないということはできないが、それが我が国の法秩序の基本原則ないし基本理念と相いれないものと認められる場合には、その外国判決は、同法条にいう公の秩序に反するというべきである」としてネバダ州裁判所の裁判の効力は認められないものとした。

そのうえで母子関係が認められるかについては、「我が国の民法上、母とその嫡出子との間の母子関係の成立について直接明記した規定はないが（筆者注：現在では、生殖補助医療法9条に卵子を第三者が提供した場合に関する明文規定はもうけられている。）、民法は、懐胎し出産した女性が出生した子の母であり、母子関係は懐胎、出産という客観的な事実により当然に成立することを前提とした規定を設けている（民法772条1項参照）。また、母とその非嫡出子との間の母子関係についても、同様に、母子関係は出産という客観的な事実により当然に成立すると解されてきた（最高裁昭和35年(オ)第1189号同37年4月27日第二小法廷判決・民集16巻7号1247頁参照）」とし、「民法の実親子に関する現行法制は、血縁上の親子関係を基礎に置くもので

あるが、民法が、出産という事実により当然に法的な母子関係が成立するものとしているのは、その制定当時においては懐胎し出産した女性は遺伝的にも例外なく出生した子とのつながりがあるという事情が存在し、その上で出産という客観的かつ外形上明らかな事実をとらえて母子関係の成立を認めることにしたものであり、かつ、出産と同時に出生した子と子を出産した女性との間に母子関係を早期に一義的に確定させることが子の福祉にかなうということもその理由となっていたものと解される」と述べている。

そして、「民法には、出生した子を懐胎、出産していない女性をもってその子の母とすべき趣旨をうかがわせる規定は見当たらず、このような場合における法律関係を定める規定がないことは、同法制定当時そのような事態が想定されなかったことによるものではあるが、前記のとおり実親子関係が公益及び子の福祉に深くかかわるものであり、一義的に明確な基準によって一律に決せられるべきであることにかんがみると、現行民法の解釈としては、出生した子を懐胎し出産した女性をその子の母と解さざるを得ず、その子を懐胎、出産していない女性との間には、その女性が卵子を提供した場合であっても、母子関係の成立を認めることはできない」として、Ｘ２とＢ・Ｃとの母子関係は認めなかった。

ただし、「もっとも、女性が自己の卵子により遺伝的なつながりのある子を持ちたいという強い気持ちから、本件のように自己以外の女性に自己の卵子を用いた生殖補助医療により子を懐胎し出産することを依頼し、これにより子が出生する、いわゆる代理出産が行われていることは公知の事実になっているといえる。このように、現実に代理出産という民法の想定していない事態が生じており、今後もそのような事態が引き続き生じ得ることが予想される以上、代理出産については法制度としてどう取り扱うかが改めて検討されるべき状況にある。この問題に関しては、医学的な観点からの問題、関係者間に生ずることが予想される問題、生まれてくる子の福祉などの諸問題につき、遺伝的なつながりのある子を持ちたいとする真しな希望及び他の女性

に出産を依頼することについての社会一般の倫理的感情を踏まえて、医療法制、親子法制の両面にわたる検討が必要になると考えられ、立法による速やかな対応が強く望まれるところである」と付言されていたところである。

　この決定を受けて、前述したように、生殖補助医療法9条において、自己以外の女性の卵子を用いた生殖補助医療によって子を懐胎して出産した者をその子の母とする旨の規律をもうけることとなったが、本件最高裁決定に直接的に応える形での明文規定は定められていない。なお、本件Ｘ1らは、Ｂ・Ｃと特別養子縁組を成立されたようである。

(2)　父子関係

　次に、父子関係については、夫の凍結保存精子を使用して、夫の死後に妻が当該精子の体外受精によって、夫の死亡から2年後に子を懐胎して出産したという事案につき、妻が夫の嫡出子として出生届をしたところ、それが受理されなかったため、今度は死後認知を求めたことに関する最高裁判決がある（最判平成18年9月4日民集60巻7号2563頁）。

　この事案において、最高裁は、次のように判示した。

　まず、「民法の実親子に関する法制は、血縁上の親子関係を基礎に置いて、嫡出子については出生により当然に、非嫡出子については認知を要件として、その親との間に法律上の親子関係を形成するものとし、この関係にある親子について民法に定める親子、親族等の法律関係を認めるものである」という一般論を示している。

　そして、生殖補助医療に基づく親子関係については、「現在では、生殖補助医療技術を用いた人工生殖は、自然生殖の過程の一部を代替するものにとどまらず、およそ自然生殖では不可能な懐胎も可能とするまでになっており、死後懐胎子はこのような人工生殖により出生した子に当たるところ、上記法制は、少なくとも死後懐胎子と死亡した父との間の親子関係を想定していないことは、明らかである。すなわち、死後懐胎子については、その父は懐胎

前に死亡しているため、親権に関しては、父が死後懐胎子の親権者になり得る余地はなく、扶養等に関しては、死後懐胎子が父から監護、養育、扶養を受けることはあり得ず、相続に関しては、死後懐胎子は父の相続人になり得ないものである。また、代襲相続は、代襲相続人において被代襲者が相続すべきであったその者の被相続人の遺産の相続にあずかる制度であることに照らすと、代襲原因が死亡の場合には、代襲相続人が被代襲者を相続し得る立場にある者でなければならないと解されるから、被代襲者である父を相続し得る立場にない死後懐胎子は、父との関係で代襲相続人にもなり得ないというべきである。このように、死後懐胎子と死亡した父との関係は、上記法制が定める法律上の親子関係における基本的な法律関係が生ずる余地のないものである」として父子関係を否定した。

　そして、立法の必要性につき、「その両者の間の法律上の親子関係の形成に関する問題は、本来的には、死亡した者の保存精子を用いる人工生殖に関する生命倫理、生まれてくる子の福祉、親子関係や親族関係を形成されることになる関係者の意識、更にはこれらに関する社会一般の考え方等多角的な観点からの検討を行った上、親子関係を認めるか否か、認めるとした場合の要件や効果を定める立法によって解決されるべき問題であるといわなければならず、そのような立法がない以上、死後懐胎子と死亡した父との間の法律上の親子関係の形成は認められないというべきである」と判示した。しかるに、次に述べる生殖補助医療法は、この問題の立法的解決という考え方には応えていない。

(3)　生殖補助医療法

　2020（令和２）年12月４日、生殖補助医療法が成立し、同月11日に施行された。しかし、生殖補助医療法には、子の出自を知る権利等は盛り込まれなかった。

　生殖補助医療法は、非常に短い法令なので、その条文をすべて次に掲げて

おくこととする。

生殖補助医療法

　　　第1章　総　　則

（趣旨）

第1条　この法律は、生殖補助医療をめぐる現状等に鑑み、生殖補助
　　医療の提供等に関し、基本理念を明らかにし、並びに国及び医療
　　関係者の責務並びに国が講ずべき措置について定めるとともに、
　　生殖補助医療の提供を受ける者以外の者の卵子又は精子を用いた
　　生殖補助医療により出生した子の親子関係に関し、民法（明治
　　29年法律第89号）の特例を定めるものとする。

（定義）

第2条　この法律において「生殖補助医療」とは、人工授精又は体外
　　受精若しくは体外受精胚移植を用いた医療をいう。

　2　前項において「人工授精」とは、男性から提供され、処置され
　　た精子を、女性の生殖器に注入することをいい、「体外受精」と
　　は、女性の卵巣から採取され、処置された未受精卵を、男性から
　　提供され、処置された精子により受精させることをいい、「体外
　　受精胚移植」とは、体外受精により生じた胚を女性の子宮に移植
　　することをいう。

　　　第2章　生殖補助医療の提供等

（基本理念）

第3条　生殖補助医療は、不妊治療として、その提供を受ける者の心
　　身の状況等に応じて、適切に行われるようにするとともに、これ
　　により懐胎及び出産をすることとなる女性の健康の保護が図られ
　　なければならない。

　2　生殖補助医療の実施に当たっては、必要かつ適切な説明が行わ

れ、各当事者の十分な理解を得た上で、その意思に基づいて行われるようにしなければならない。

　3　生殖補助医療に用いられる精子又は卵子の採取、管理等については、それらの安全性が確保されるようにしなければならない。

　4　生殖補助医療により生まれる子については、心身ともに健やかに生まれ、かつ、育つことができるよう必要な配慮がなされるものとする。

（国の責務）

第4条　国は、前条の基本理念を踏まえ、生殖補助医療の適切な提供等を確保するための施策を総合的に策定し、及び実施する責務を有する。

　2　国は、前項の施策の策定及び実施に当たっては、生殖補助医療の特性等に鑑み、生命倫理に配慮するとともに、国民の理解を得るよう努めなければならない。

（医療関係者の責務）

第5条　医師その他の医療関係者は、第3条の基本理念を踏まえ、良質かつ適切な生殖補助医療を提供するよう努めなければならない。

（知識の普及等）

第6条　国は、広報活動、教育活動等を通じて、妊娠及び出産並びに不妊治療に関する正しい知識の普及及び啓発に努めなければならない。

（相談体制の整備）

第7条　国は、生殖補助医療の提供を受けようとする者、その提供を受けた者、生殖補助医療により生まれた子等からの生殖補助医療、子の成育等に関連する各種の相談に応ずることができるよう、必要な相談体制の整備を図らなければならない。

（法制上の措置等）

第8条　国は、この章の規定に基づき、生殖補助医療の適切な提供等を確保するために必要な法制上の措置その他の措置を講じなければならない。

　　　　第3章　生殖補助医療により出生した子の親子関係に関する民法の特例

（他人の卵子を用いた生殖補助医療により出生した子の母）

第9条　女性が自己以外の女性の卵子（その卵子に由来する胚を含む。）を用いた生殖補助医療により子を懐胎し、出産したときは、その出産をした女性をその子の母とする。

（他人の精子を用いる生殖補助医療に同意をした夫による嫡出の否認の禁止）

第10条　妻が、夫の同意を得て、夫以外の男性の精子（その精子に由来する胚を含む。）を用いた生殖補助医療により懐胎した子については、夫は、民法第774条の規定にかかわらず、その子が嫡出であることを否認することができない。

⇩

《2022（令和4）年の改正》

（他人の精子を用いる生殖補助医療により出生した子についての嫡出否認の特則）

第10条　妻が、夫の同意を得て、夫以外の男性の精子（その精子に由来する胚を含む。）を用いた生殖補助医療により懐胎した子については、夫、子又は妻は、民法第774条第1項及び第3項の規定にかかわらず、その子が嫡出であることを否認することができない。

⑷ 残された問題

　以上のように、生殖補助医療法10条は、妻が夫の同意を得て夫以外の男性の精子の提供を受けて、生殖補助医療によって懐胎・出産したときは、その夫がその子の父となり、精子提供者はその子を認知することもできないと正面から定めるのでなく、妻が夫の同意を得て懐胎した子を夫は嫡出否認できないとしただけである。もっとも、ある子に二人の父親は存在しえないのであるから、10条を反対解釈することによって、精子提供者はその子を認知できないとする解釈を導くことは可能であろう。

　しかし、10条で夫が同意していないのに非配偶者間人工授精によって懐胎した場合、精子提供者からは認知できないと解するとしても、出生した子からの認知の訴えはありえないものではない。多数説は、子からの認知の訴えを認めていないが、父のない子にされてしまうことを避けるために、子は認知請求できるとする少数説もある。生殖補助医療法では、そうした問題に対処できていない。

　もっとも、小池泰教授は、「遺伝的連続性に基づく父子関係は、法的な父のない事態を回避するための最終的な担保である。さらに、現行法上、（とりわけ未成年）子に法的な父が存在しえないという事態は原則として予定されていない。」としつつ、「依頼者との父子関係を確保する前提条件を整備することを前提に、精子提供者を身分関係から排除する規律も許容できると思われる。」としている（大村敦志・河上正二・窪田充見・水野紀子編著『比較家族法研究』（商事法務、2012年）173頁［小池泰執筆］、小池泰「AIDにおける子の出自を知る権利」法律時報87巻11号41頁以下（2015年）も参照。）。

　したがって、夫の同意がない場合であっても、精子提供者による認知ができるかどうか、また、子からの認知請求もできるのかどうかについては、立法によって明確にしておくべきであったのに、それを怠ったことは非常に問題であろう。また、さらに問題なのは、子の出自を知る権利に関して全く規定していないことである。

　なお、第三者提供の精子を用いた生殖補助医療によって出生した子については、夫が嫡出を否認することはできないという規定になっていたが、2022（令和４）年の民法改正によって嫡出否認権が子や母にも認められることとなったため、生殖補助医療法10条も改正され、夫、子または母は嫡出を否認することができないと改められた。

　子の出自を知る権利については、生殖補助医療法附則３条において、「生殖補助医療の適切な提供等を確保するための次に掲げる事項その他必要な事項については、おおむね２年を目途として、検討が加えられ、その結果に基づいて法制上の措置その他の必要な措置が講ぜられるものとする。」とされ、そのうちの３号で、「他人の精子又は卵子を用いた生殖補助医療の提供を受けた者、当該生殖補助医療に用いられた精子又は卵子の提供者及び当該生殖補助医療により生まれた子に関する情報の保存及び管理、開示等に関する制度の在り方」と定められているだけである。

　しかも、同附則２条は、経過措置として、「第３章の規定は、前条ただし書に定める日以後に生殖補助医療により出生した子について適用する。」として、施行日以後に出生した子のみを対象とし、これまでに非配偶者間人工授精によって生まれてきた子には、一切適用がないこととされているのである。

　この附則に関しては、衆議院及び参議院で附帯決議がなされており、「本法附則第３条に基づく検討を行うに当たり、以下の事項をその対象とすること。」として、「児童の権利に関する条約（子どもの権利条約）が子どもの最善の利益とともに命の権利や意思表明権の保障も要請していることに十分に留意した、生殖補助医療により生まれた子のいわゆる『出自を知る権利』の在り方」とされているだけなのである。人工生殖子に関しては、生殖補助医療法が対応していない問題について、できるだけ早急に生命倫理の問題や具体的立法規律の問題を議論していくべきであろう。

第4章
親　権

① 子の奪い合いと児童虐待

　この30年間においては、親権が家族法の中心的議論の一つであった。なぜかというと、この期間に２つの社会問題が親権に関わっていたからである。その一つは、子の奪い合い問題であった。婚姻別居中の子どもの連れ去りから、離婚後の非親権者による子どもの連れ去り、国境を越えての子どもの連れ去りが、いずれも大問題として立法課題となった。もう一つは、児童虐待問題であった。これは、親が適法な"しつけ"と言い張って子どもを虐待死させる悲惨な事件が相次いだため、親権の懲戒権をどうするかが立法課題となっていたものである。

　しかし、冷静になって考えてみると、子の奪い合い問題と児童虐待問題を統一的な視点で検討できていたかは疑問である。子の奪い合い問題は、親の権利としての親権が主張されていたのであり、児童虐待問題は、親の責務としての親権が問われていたのである。ともに子どもの命や生活に関わる問題であるため、とかく感情的な議論になりがちであった。ところが、そうした感情的な議論で見落とされていたのは、子どもの権利であったのではないかと思われる。

　そうした感情的な議論になってしまう原因の一つには、親権概念の多義性があったのではないかと思われる。民法820条は、「親権を行う者は、子の利益のために子の監護及び教育をする権利を有し、義務を負う。」と定めているのであって、権利であって義務であるとはどういう意味なのか一義的に明確ではないからである。

　イングランドの1601年エリザベス救貧法に反対するものとして親権という概念が登場してきたときには、親の権利（parental right）としてであったが、1989年児童法では、子の福祉を裁判所の至高の考慮事項（paramount consideration）と定め、親権に代わる概念として、親責任（parental responsibility）が強調された（イングランドにおける親権概念の変遷については、拙著『親権と子どもの福祉』（明石書店、2010年）272頁～、357頁～等を参照されたい。）。また、ドイツ民法では、「親の配慮」という概念が用いられている。しかしながら、日本での議論は、離婚によって子どもに会えなくなってしまう親の権利が重要だとして、離婚後の共同親権制度の導入などが主張されてきたのである。

　子どもの権利という側面に関しては、子どもの権利条約によって、子どもの意見表明権が保障されることとなったのであるが、そのための立法的対応としては、15歳以上の子どもに対して、家事審判等において陳述権が保障されているものの（家事手続152条2項、人訴32条4項など）、家事事件手続法制定時に導入された子ども手続代理人制度はあまり活用されていない。子ども手続代理人に関しては、後述することとするが、2024（令和6）年の民法改正によって、離婚後の選択的共同親権が導入されたのであるから、離婚後の親権のあり方を選択するに当たっては、子どもの手続代理人が重要になるケースがあるだろう。したがって、今後は、投票権を有するため政治的に働きかけることのできる親の権利ではなく、投票権を有しないため政治的に働きかけることのできない子どもの権利を中心とした議論が必要なのであって、子どもの権利という視点から立法論を展開する段階にあると思われる。

② 親権の基本理念

　親権の基本理念については、2022（令和4）年の民法改正において、後述するように懲戒権の規定が削除されるとともに、民法821条を新設して、親権を行使するに当たっては、子どもの人格を尊重するとともに、年齢や発達の程度に配慮しなければならないとした。具体的な条文は次のとおりである。

> 民法
>
> （子の人格の尊重等）
>
> 第821条　親権を行う者は、前条の規定による監護及び教育をするに当たっては、子の人格を尊重するとともに、その年齢及び発達の程度に配慮しなければならず、かつ、体罰その他の子の心身の健全な発達に有害な影響を及ぼす言動をしてはならない。

そして、2024（令和6）年の民法改正においては、親子関係に関する基本的な規律として、親権の有無にかかわらず、父母が負う責務を明確化する規律を置くこととした。その具体的な条文は次のようなものである。

> 民法
>
> （親の責務等）
>
> 第817条の12　父母は、子の心身の健全な発達を図るため、その子の人格を尊重するとともに、その子の年齢及び発達の程度に配慮してその子を養育しなければならず、かつ、その子が自己と同程度の生活を維持することができるよう扶養しなければならない。
>
> 2　父母は、婚姻関係の有無にかかわらず、子に関する権利の行使又は義務の履行に関し、その子の利益のため、互いに人格を尊重し協力しなければならない。

また、2024（令和6）年の民法改正では、親権の性質を明確化することとし、親権は、成年に達しない子について、その子の利益のために行使しなければならないという規定を民法818条1項に置くこととした。その条文は次のとおりである（818条1項のみを記載し、同条2項以下はここでは省略し、親権者の項で2項以下を記載することとする。）。

> **民法**
>
> **（親権）（未施行）**
>
> **第818条　親権は、成年に達しない子について、その子の利益のために行使しなければならない。**

　親権の定義については、前述したように、民法820条が「親権を行う者は、子の利益のために子の監護及び教育をする権利を有し、義務を負う。」と定めている。これが誰に対する権利で誰に対する義務なのかは明確でない。しかし、親権の権利性に関しては、家庭における子どもの養育に国家が介入したのに対抗する形で親権概念が形成されてきたのであって、子どもの監護養育に関する親の広範な裁量権と解すべきであろう。そのような理解は、親権者の広範な裁量権を認定した最判平成4年12月10日民集46巻9号2727頁の趣旨にも合致すると思われる。また、2024（令和6）年の民法改正で、民法818条に、親権は子の利益のために行使しなければならないと明記された趣旨にも合致すると思われる。

　親権の義務性に関しては、近年の「親責任」という用語への転換を視野に入れて考えると、子どもの監護養育の責務として、主として子どもに向けられたものであろうと考える。もっとも、民法714条は、責任能力のない未成年者の不法行為に関して、法定監督義務者の法的責任を認めており、その法定監督義務者に親権者が含まれることは否定しえない。そうだとすれば、親権の義務性は、子どもに向けられたものであるとともに、社会にも向けられたものと理解するしかないであろう。なお、2024（令和6）年の民法改正で、民法817条の12として、親の責務規定が定められたのは、親権の義務性が親の責務（子どもの引受責任）から派生していることを示しているものと考える。

③ 親権者

⑴ 2024（令和6）年改正による親権者の全体像

　親権者の定めについては、2024（令和6）年の民法改正前の規定では、婚姻中は父母の共同親権、離婚後はどちらか一方の単独親権とされていた。また、子の出生前に離婚した場合の親権者、または、嫡出でない子の親権者は、原則として母であるが、子が出生した後、または、父が認知した場合には、父母の協議で父を親権者に定めることができるとされていた。そして、養子の親権者は、養親とされていた。また、子の利益のため必要があるときは、当事者の協議によって親権者を変更できるのではなく、家庭裁判所は、子またはその親族の請求によって、親権者を変更することができるとされていた。

　しかし、2024（令和6）年の民法改正によって、離婚後の選択的共同親権制度が導入されることとなり、婚姻中は父母の共同親権、離婚後は父母の共同親権かどちらか一方の単独親権かを選択することができることとなった。また、子の出生前に離婚した場合の親権者、または、嫡出でない子の親権者についても、原則としては母であるが、子が出生した後、または、父が認知した場合には、父母の協議で父母の共同親権と定めるか父を単独の親権者に定めるかを選択することができるものとされた。

　養子に関しては、子に対する養子縁組が複数回なされている場合には、直近の縁組に係る養親が親権者となり、従前の縁組に係る養親は親権者とはならない。また、いわゆる連れ子養子の場合、父母の離婚後に父母共同親権が選択されていたときには、離婚後に実父母双方が親権を有する状態で、実父母の一方の再婚相手との間で養子縁組がなされることがありうるのであるから、民法818条3項1号によって再婚相手の養親が親権者となるとともに、同項2号によって、その者と再婚した父母も親権者となり、再婚夫婦の共同親権となるものとしている。

親権者の変更が家庭裁判所の権限であることに変わりはない。以上をまとめると次のようになる。

≪2024（令和6）年改正前の親権者≫

婚姻中　　　　⇒　父母の共同親権

離婚後　　　　⇒　父母どちらかの単独親権

出生前離婚　　⇒　原則は母の単独親権。出生後、父母の協議で父の単独親権とすることも可。

嫡出でない子　⇒　原則は母の単独親権。父が認知した場合、父母の協議で父の単独親権とすることも可。

養子　　　　　⇒　養親

親権者の変更　⇒　申立てによって家庭裁判所が行う。

≪2024（令和6）年改正後の親権者≫

婚姻中　　　　⇒　父母の共同親権

離婚後　　　　⇒　父母の共同親権か父母どちらかの単独親権かを選択

出生前離婚　　⇒　原則は母の単独親権。出生後、父母の協議で父母の共同親権または父の単独親権とすることも可。

嫡出でない子　⇒　原則は母の単独親権。父が認知した場合、父母の協議で父母の共同親権または父の単独親権とすることも可。

養子　　　　　⇒　養親（養子縁組が2以上あるときは直近の縁組の養親）。いわゆる連れ子の場合には、子の父母であって上記養親の配偶者であるものも親権者となる。

親権者の変更　⇒　申立てによって家庭裁判所が行う。

以上に関する民法818条の条文は、次のようなものである。

> 民法
>
> （親権）
>
> 第818条　親権は、成年に達しない子について、その子の利益のために行使しなければならない。
>
> 　2　父母の婚姻中はその双方を親権者とする。
>
> 　3　子が養子であるときは、次に掲げる者を親権者とする。
>
> 　一　養親（当該子を養子とする縁組が2以上あるときは、直近の縁組により養親となった者に限る。）
>
> 　二　子の父母であって、前号に掲げる養親の配偶者であるもの

(2)　離婚後の選択的共同親権制度

　2024（令和6）年の民法改正で最大の問題であった離婚後の選択的共同親権制度に関する民法819条の条文は、次のようになっている。

> 民法
>
> （離婚又は認知の場合の親権者）
>
> 第819条　父母が協議上の離婚をするときは、その協議で、その双方又は一方を親権者と定める。
>
> 　2　裁判上の離婚の場合には、裁判所は、父母の双方又は一方を親権者と定める。
>
> 　3　子の出生前に父母が離婚した場合には、親権は、母が行う。ただし、子の出生後に、父母の協議で、父母の双方又は父を親権者と定めることができる。
>
> 　4　父が認知した子に対する親権は、母が行う。ただし、父母の協

議で、父母の双方又は父を親権者と定めることができる。

5　第1項、第3項又は前項の協議が調わないとき、又は協議をすることができないときは、家庭裁判所は、父又は母の請求によって、協議に代わる審判をすることができる。

6　子の利益のため必要があると認めるときは、家庭裁判所は、子又はその親族の請求によって、親権者を変更することができる。

7　裁判所は、第2項又は前2項の裁判において、父母の双方を親権者と定めるかその一方を親権者と定めるかを判断するに当たっては、子の利益のため、父母と子との関係、父と母との関係その他一切の事情を考慮しなければならない。この場合において、次の各号のいずれかに該当するときその他の父母の双方を親権者と定めることにより子の利益を害すると認められるときは、父母の一方を親権者と定めなければならない。

一　父又は母が子の心身に害悪を及ぼすおそれがあると認められるとき。

二　父母の一方が他の一方から身体に対する暴力その他の心身に有害な影響を及ぼす言動（次項において「暴力等」という。）を受けるおそれの有無、第1項、第3項又は第4項の協議が調わない理由その他の事情を考慮して、父母が共同して親権を行うことが困難であると認められるとき。

8　第6項の場合において、家庭裁判所は、父母の協議により定められた親権者を変更することが子の利益のため必要であるか否かを判断するに当たっては、当該協議の経過、その後の事情の変更その他の事情を考慮するものとする。この場合において、当該協議の経過を考慮するに当たっては、父母の一方から他の一方への暴力等の有無、家事事件手続法による調停の有無又は裁判外紛争解決手続（裁判外紛争解決手続の利用の促進に関する法律（平成

> 16年法律第151号）第1条に規定する裁判外紛争解決手続をいう。）
> の利用の有無、協議の結果についての公正証書の作成の有無その
> 他の事情をも勘案するものとする。

　つまり、離婚夫婦に未成年の子がいる場合、父母が協議離婚するときには、その子の親権者を父母の共同親権とするかどちらか一方の単独親権とするかを協議して選択するものとし（民法819条1項）、子の出生前に父母が離婚した場合には、親権者は原則として母であるが、子の出生後に父母の協議で、父母の共同親権とするか父を単独の親権者とするかを定めることができるものとされた（同条3項）。なお、父母の協議が調わないときや協議できないときには、家庭裁判所が協議に代わる審判を行うことによって親権者を定めるものとしている（同条5項）。

　父母が裁判離婚するときには、裁判所が父母の共同親権とするかどちらか一方の単独親権とするかを決めるものとしている（同条2項）。裁判所が親権者を決定するまたは変更するに当たっては、「子の利益のため、父母と子との関係、父と母との関係その他一切の事情を考慮しなければならない」のであるが、次の2つのいずれかに該当するときその他、共同親権では子の利益を害すると認められるときには、父母どちらか一方の単独親権としなければならない（同条7項）。例外的に単独親権となる場合の例示は、①父または母が子の心身に害悪を及ぼすおそれがあるとき、②父母の一方が他の一方からいわゆるドメスティック・バイオレンスを受けるおそれの有無、協議が調わない理由その他の事情を考慮して、父母が共同親権を行うことが困難であると認められるとき、の2つとされている（同条7項1号・2号）。

　家庭裁判所が親権者を変更するには、変更が子の利益のために必要であるか否かを判断しなければならないが（同条6項）、そのように判断するに当たっては、協議の経過やその後の事情の変更その他の事情を考慮するものとし、協議の経過を考慮するに当たっては、父母の一方から他の一方への暴力

等の有無、家事事件手続法による調停の有無、または、裁判外紛争解決手続（ADR）の利用の有無、協議の結果についての公正証書の作成の有無その他の事情をも勘案するものとされている（同条8項）。

　離婚後の選択的共同親権制度を導入するに当たっては、非常に広汎な議論が法制審議会で何度も検討され、パブリックコメントやヒアリングの結果も踏まえて、以上のような結論に到達している。この問題は、親権の権利性に着目するか、それとも、義務性に着目するか、子どもの意見を正面から尊重すべきか、それとも、子どもに過度の負荷を負わせてはならないと考えるか、などのさまざまな観点で極端に二分される議論を集約しなければならない作業であったため、困難を極めたものと拝察する。しかし、法制審の先生方や法務省の担当者のご努力には敬意を表するが、筆者は、子どもの権利からの視点が弱いのではないかと思われる。

　父母が離婚を争い、離婚後の子どもの監護養育に関しても争う場合、そのしわ寄せを最も受けるのは子どもである。父母がそれぞれ権利を主張することの悪影響が最も及んでしまうのは子どもに対してなのである。それにもかかわらず、子どもの意見が尊重されにくいシステムとなっていないか危惧する。虐待がなければいいではないかという問題ではないだろう。確かに子どもの権利条約に基づいて、子どもの意見表明権は保障されているのであるが、それが離婚協議や離婚裁判において保障されているかとなると不十分である。

　2011（平成23）年に成立した家事事件手続法においては、その23条でいわゆる「子ども手続代理人制度」を導入したのであるが、裁判長が申立てまたは職権によって弁護士を手続代理人に選任することができるものの、そのコストは公的負担の対象となっていない。そのような構成になっているため、子ども手続代理人の選任件数はあまり多くはないところであるが、子ども手続代理人については、多くの文献がその有効性を示しており（例えば、日本弁護士連合会家事法制委員会編『家事事件における子どもの地位―「子ども代理人」を考える』（日本加除出版、2010年）、若林昌子・犬伏由子・長谷部

由紀子編著『家事事件リカレント講座・離婚と子の監護紛争の実務』（日本加除出版、2019年）、二宮周平編『子どもの権利保障と親の離婚』（信山社、2023年）、原田綾子著『子どもの意見表明権の保障』（信山社、2023年）など）、離婚後の共同親権の選択に当たっては、子どもの手続代理人制度を活用して、子どもの意見が反映できるように実務が進展していくことを望みたい。

④ 親権の内容

(1) 親権の内容の概要

　親権者は、子どもの利益のために子どもの監護教育につき、権利を有し義務を負うとされている（民法820条）。その具体的内容については、2022（令和4）年の民法改正までは、民法821条以下が次のような内容を定めていた。

　まず、身上監護権として、①包括的身上監護権（820条）、②居所指定権（旧821条）、③懲戒権（旧822条）、④職業許可権（823条）が定められていた。包括的身上監護権とは、民法820条は、単に抽象的に親権者が監護教育権を有していると宣言しているだけでなく、②から④の条項に含まれない身上監護権、例えば、医療行為に対する同意権、命名権、就学先の決定権、子どもの引渡請求権（妨害排除請求権）などが民法820条に基づいて認められるとされてきた。

　次に、財産管理権として、①包括的財産管理権（824条）、②法定代理権（同条）があり、親権者と子どもとの利益が相反する行為や複数の子どもの間で利益が相反する行為については、親権者は特別代理人の選任を家庭裁判所に請求しなければならないとされている（826条）。

　しかし、2022（令和4）年の民法改正によって、旧822条の懲戒権規定が削除され、その代わりに、親権者は、子の利益のために子の監護教育をするに当たっては、「子の人格を尊重するとともに、その年齢及び発達の程度に

配慮しなければならず、かつ、体罰その他の子の心身の健全な発達に有害な影響を及ぼす言動をしてはならない」という基本規定を置くこととした（821条）。そして、居所指定権を民法822条に繰り下げている。

(2)　懲戒権規定の変遷

　懲戒権規定は、以上のように削除されたのであるが、2011（平成23）年の民法改正の際にも、懲戒権規定は改正されていたのである。2011（平成23）年の民法改正前の懲戒権規定は、親権者は必要な範囲内で子どもを懲戒し、家庭裁判所の許可を得て子どもを懲戒場に入れることができるとするものであった。しかし、懲戒場に関する規定はずっと存続してきたものの、懲戒場は日本には基本的に存在していなかったのである。

　そこで2011（平成23）年の民法改正により、民法822条1項の懲戒権の行使に「監護及び教育に」必要な範囲内という限定を付し、2項の懲戒場に関する規定を削除することとした。そして、2022（令和4）年の民法改正で、ついに懲戒権規定自体を削除することとしたのである。懲戒権規定の変遷については、次のとおりである。

《懲戒権規定の変遷》

2011（平成23）年改正前の懲戒権条項
旧822条

　1　親権を行う者は、必要な範囲内で自らその子を懲戒し、又は家庭裁判所の許可を得て、これを懲戒場に入れることができる。

　2　子を懲戒場に入れる期間は、6個月以下の範囲内で、家庭裁判所が定める。ただし、この期間は、親権を行う者の請求によって、いつでも短縮することができる。

⇩

2011（平成23）年改正による懲戒権条項

旧822条

　親権を行う者は、<u>第820条の規定による監護及び教育に必要な範囲</u>内でその子を<u>懲戒することができる。</u>

⇩

2022（令和４）年改正による懲戒権条項の全部削除

⑶　体罰の禁止

　2022（令和４）年の民法改正では、懲戒権規定の削除とともに、２において述べたように、親権の基本理念規定として民法821条が新設され、体罰禁止規定が盛り込まれることとなった。しかし、もともと体罰禁止規定は多くの法令で定められていたのである。

　児童虐待防止法（正式名称は、「児童虐待の防止等に関する法律」）は、2000（平成12）年に制定された法律であるが、2019（令和元）年に改正され、同法14条１項にすでに次のような親権者による体罰禁止の規定が盛り込まれていた。

児童虐待防止法

　（親権の行使に関する配慮等）

第14条　児童の親権を行う者は、児童のしつけに際して、体罰を加えることその他民法〔明治29年法律第89号〕第820条の規定による監護及び教育に必要な範囲を超える行為により当該児童を懲戒してはならず、当該児童の親権の適切な行使に配慮しなければならない。

　２　（省略）

　この規定を受けて、しつけと虐待を区別するための指針（2020（令和2）年2月厚生労働省体罰等によらない子育ての推進に関する検討会「体罰等によらない子育てのために」）が出され、そこで次のように体罰に関する具体的な例示がなされることとなった。

◎　こんなことしていませんか
・　言葉で3回注意したけど言うことを聞かないので、頬を叩いた
・　大切なものにいたずらをしたので、長時間正座をさせた
・　友達を殴ってケガをさせたので、同じように子どもを殴った
・　他人のものを取ったので、お尻を叩いた
・　宿題をしなかったので、夕ご飯を与えなかった
・　掃除をしないので、雑巾を顔に押しつけた
　　→　これらは全て体罰です

　また、学校教育法においては、まさかとは思われるが、1947（昭和22）年の制定時から、次のような体罰禁止規定（同法11条）を有していたのである。

学校教育法
第11条　校長及び教員は、教育上必要があると認めるときは、文部科学大臣の定めるところにより、児童、生徒及び学生に懲戒を加えることができる。ただし、体罰を加えることはできない。

　もともと学校教育法は、1879（明治12）年の教育令に始まるものであって、この教育令46条にも「凡学校ニ於テハ生徒ニ体罰殴チ或ハ縛スルノ類ヲ加フヘカラス」という体罰禁止規定があった。その後の各種学校令においても、同様な体罰禁止規定があったのである。
　日本においても世界においても、子どものエリート教育に体罰を用いるの

は許されないとされていたのであって、公教育の開始とともに、日本においても世界においても公教育のもとでは情けないことに体罰が不可欠とされてきた。教育の専門職にとっては、体罰を用いなければ教育ができないというのは、一種の敗北宣言ともいうべきであろう。それは、教育職が教育の専門職として成り立たなくなり、学校内肉体労働者として存立することにもなりかねない。

　子どもに対する家庭内の体罰と学校内の体罰とは、全く無関係であるようにも思われる。しかし、子どもに対して家庭内で体罰が行われることが親権の懲戒権に基づいて正当化され、家庭内で体罰を行うことのできる保護者からの委託を受けて、学校内でも体罰が可能となるという論理のもと、体罰禁止規定にかかわらず、学校内で体罰が行われることの正当性が企図されてきたのである。

　文部科学省における体罰と懲戒の理解については、平成25年3月13日付24文科初第1269号「体罰の禁止及び児童生徒理解に基づく指導の徹底について（通知）」があり、そこでは、「懲戒が必要と認める状況においても、決して体罰によることなく、児童生徒の規範意識や社会性の育成を図るよう、適切に懲戒を行い、粘り強く指導することが必要である。」として、体罰はいけないが、懲戒はよしとしていた。そうすると、行使してよい懲戒とは何なのかが問題となる。

　その懲戒については、「ここでいう懲戒とは、学校教育法施行規則に定める退学（公立義務教育諸学校に在籍する学齢児童生徒を除く。）、停学（義務教育諸学校に在籍する学齢児童生徒を除く。）、訓告のほか、児童生徒に肉体的苦痛を与えるものでない限り、通常、懲戒権の範囲内と判断されると考えられる行為として、注意、叱責、居残り、別室指導、起立、宿題、清掃、学校当番の割当て、文書指導などがある。」とされていたのである。

　つまり、児童生徒に肉体的苦痛を与える体罰はよくないが、肉体的苦痛を与えない叱責などの指導は懲戒として許されるということだったのであり、

民法の懲戒権規定が削除されたとしても、この意味における懲戒は残ることとなろう。同通知に添付されている別紙「学校教育法第11条に規定する児童生徒の懲戒・体罰等に関する参考事例」で体罰と懲戒の具体例が示されている。まず、体罰については、次のとおり、かなり具体的に示されている。

体罰（通常、体罰と判断されると考えられる行為）

○　身体に対する侵害を内容とするもの

・　体育の授業中、危険な行為をした児童の背中を足で踏みつける。

・　帰りの会で足をぶらぶらさせて座り、前の席の児童に足を当てた児童を、突き飛ばして転倒させる。

・　授業態度について指導したが反抗的な言動をした複数の生徒らの頬を平手打ちする。

・　立ち歩きの多い生徒を叱ったが聞かず、席につかないため、頬をつねって席につかせる。

・　生徒指導に応じず、下校しようとしている生徒の腕を引いたところ、生徒が腕を振り払ったため、当該生徒の頭を平手で叩（たた）く。

・　給食の時間、ふざけていた生徒に対し、口頭で注意したが聞かなかったため、持っていたボールペンを投げつけ、生徒に当てる。

・　部活動顧問の指示に従わず、ユニフォームの片づけが不十分であったため、当該生徒の頬を殴打する。

○　被罰者に肉体的苦痛を与えるようなもの

・　放課後に児童を教室に残留させ、児童がトイレに行きたいと訴えたが、一切室外に出ることを許さない。

・　別室指導のため、給食の時間を含めて生徒を長く別室に留め置き、一切室外に出ることを許さない。

> ・　宿題を忘れた児童に対して、教室の後方で正座で授業を受ける
> よう言い、児童が苦痛を訴えたが、そのままの姿勢を保持させた。

そして、懲戒については、次のように示されていた。

> 認められる懲戒（通常、懲戒権の範囲内と判断されると考えられる行
> 為）（ただし肉体的苦痛を伴わないものに限る。）
> ※　学校教育法施行規則に定める退学・停学・訓告以外で認められる
> と考えられるものの例
> ・　放課後等に教室に残留させる。
> ・　授業中、教室内に起立させる。
> ・　学習課題や清掃活動を課す。
> ・　学校当番を多く割り当てる。
> ・　立ち歩きの多い児童生徒を叱って席につかせる。
> ・　練習に遅刻した生徒を試合に出さずに見学させる。

　ここでわざわざ懲戒という用語が使用されているのは、親権者に懲戒権が
あることを前提に、親権者からの委託を受けて懲戒できるという趣旨だとす
れば、民法における親権者の懲戒権規定が削除されたため、もはや学校でも
懲戒という用語自体は使用しないほうがよいだろう。したがって、この通知
における懲戒の内容は、肉体的苦痛を伴わず有形力も行使しない指導にすぎ
ないのであるから、今後は単に「学習上の指導」でよいと思われる。

⑷　子の引渡請求と人身保護法の判例法理

　この40年間（ここだけは期間がまたがってしまうので、あえて40年間とす
る。）で発展した親権に関する判例法理としては、子の引渡請求に関する人
身保護法の判例法理がある。人身保護請求に基づく子どもの引渡請求につい

ては、簡易迅速な手続であり、しかも勾引・勾留・刑事罰という強制措置に裏付けられた非常に強力な手段である。人身保護法（Habeas Corpus Act）は、もともと1679年のイングランドでチャールズ２世の政敵に対する不当な逮捕拘禁措置に対抗して、議会が専制的独裁政治の復活を阻止しようとして成立した法律である。

　その後、絶対王政に対抗する必要がなくなったイングランドでは、1816年の人身保護法で、政治的事件だけでなく、民事事件にも人身保護法を適用することが認められるようになっていった。そして、わが国では、イングランドで民事事件にも人身保護法を適用することとされた段階で、そのような人身保護法を継受したため、人身保護法施行後まもなく、子どもの引渡請求にも人身保護法の適用が認められたのである。

　人身保護法は、簡易迅速性を重視した強力な法的手段であるから、慎重に子どもの利益や福祉を考慮すべき場合に、どの程度活用してよいかは問題である。親権が第三者から違法に侵害されているような場合には、簡易迅速性を重視して人身保護法による子どもの引渡請求を認めるべきである。しかし、別居夫婦間での子どもの引渡請求のように、紛争当事者のどちらも親権者であって、第三者から親権が侵害されているわけではない場合には、簡易迅速性よりもむしろ慎重に子どもの利益や福祉が考慮されなければならないと思われる。

　したがって、人身保護法に基づく子どもの引渡請求については、人身保護規則が定めている要件の一つである、「拘束の違法性が顕著であること」（人身保護規則４条）という要件を厳格に解釈すべきと考えられてきた。人身保護規則４条における「拘束の違法性が顕著であること」とは、具体的には、「拘束又は拘束に関する裁判若しくは処分がその権限なしにされ又は法令の定める方式若しくは手続に著しく違反していることが顕著である場合に限り、これをすることができる」と規定されており、そのただし書において、「他に救済の目的を達するのに適当な方法があるときは、その方法によつて相当

の期間内に救済の目的が達せられないことが明白でなければ、これをすることができない」とも規定されている。

　また、人身保護規則 5 条では、人身保護請求は、「被拘束者の自由に表示した意思に反してこれをすることができない」と定めている。子どもの引渡請求について、人身保護請求をなしうるとするためには、どのような要件を踏まえていることが必要かに関して、判例は変遷してきた。従来の判例においては、原被告双方の監護条件を比較し、原告による監護がより子どもの幸福に資することをもって請求を認容するための判断基準としていた（最判昭和43年 7 月 4 日民集22巻 7 号1441頁など）。

　この最高裁昭和43年 7 月 4 日判決は、「拘束状態の当、不当を決するについては、夫婦のいずれに監護せしめるのが子の幸福に適するかを主眼として定めるのを相当とする。そして、夫婦が別居し未だ離婚に至らない場合において、夫婦のいずれがその子を監護すべきかは、いずれ恒久的には、夫婦離婚の際、その協議により、協議がととのわないときは、家事審判法、人事訴訟手続法所定の手続により定められるものではあるが、それまでの間、暫定的に子を監護すべき親として夫婦のいずれを選ぶべきかを決するについても、主として子の幸福を基準としてこれを定めるのが適当といわなければならない。」と判断していた。

　ただし、子どもが自らの自由意思で拘束者のもとにとどまっている場合には、原則として拘束には当たらないことになる。しかし、子どもが自らの自由意思に基づいているとはいえない特段の事情がある場合には、拘束に該当すると判断した最高裁判決も存在していた（最判昭和61年 7 月18日民集40巻 5 号991頁）。この最高裁判決は、「監護権を有しない者の監護養育のもとにある子が、一応意思能力を有すると認められる状況に達し、かつ、その監護に服することを受容するとともに、監護権を有する者の監護に服することに反対の意思を表示しているとしても、右監護養育が子の意思能力の全くない当時から引き続きされてきたものであり、その間、監護権を有しない者が、

監護権を有する者に子を引き渡すことを拒絶するとともに、子において監護権を有する者に対する嫌悪と畏怖の念を抱かざるをえないように教え込んできた結果、子が前記のような意思を形成するに至つたといえるような場合には、当該子が自由意思に基づいて監護権を有しない者のもとにとどまつているとはいえない特段の事情があるものというべきである。」と判断していた。

　しかし、近年、別居夫婦間における人身保護法による子どもの引渡し請求のケースで、拘束者による子どもの監護が明白に子どもの幸福に反すること（明白性の要件）が請求認容の判断基準となるものとされた（最判平成5年10月19日民集47巻8号5099頁）。この最高裁平成5年10月19日判決は、前掲の最高裁昭和43年7月4日判決を踏襲しながらも、「拘束者による幼児に対する監護・拘束が権限なしにされていることが顕著である（人身保護規則4条参照）ということができるためには、右幼児が拘束者の監護の下に置かれるよりも、請求者に監護されることが子の幸福に適することが明白であることを要するもの、いいかえれば、拘束者が右幼児を監護することが子の幸福に反することが明白であることを要するものというべきである（前記判決参照）。けだし、夫婦がその間の子である幼児に対して共同で親権を行使している場合には、夫婦の一方による右幼児に対する監護は、親権に基づくものとして、特段の事情がない限り、適法というべきであるから、右監護・拘束が人身保護規則4条にいう顕著な違法性があるというためには、右監護が子の幸福に反することが明白であることを要するものといわなければならないからである。」と判断した。

　そして、その後の判例においては、この明白性の要件を満たす場合が具体化され、①拘束者に対し、幼児引渡しを命ずる仮処分又は審判が出され、その親権行使が実質上制限されているのに拘束者が当該仮処分等に従わない場合、②拘束者の監護の下においては著しくその健康が損なわれたり、満足な義務教育を受けることができなかったりするなど、拘束者の幼児に対する処遇が親権行使という観点からみてこれを容認することができない場合などが

該当するものとされている（最判平成6年4月26日民集48巻3号992頁）。拘束の違法性が顕著でない場合には、簡易迅速さよりも子どもの福祉が慎重に考慮されなければならないのであるから、人身保護請求ではなく、家庭裁判所調査官制度を活用した慎重な手続が選択されるべきだろうと思われる。

　もっとも、子どもの監護者でない者が子どもを拘束している場合には、それだけで違法性が顕著であるから、監護者からの人身保護請求は認められることとなる（最判平成6年11月8日民集48巻7号1337頁、最判平成11年5月25日家月51巻10号118頁など）。したがって、これらの判例によれば、非監護親である実親が親権者である実親から子どもを奪った場合、人身保護請求が認められることになる。

　別居夫婦間の離婚調停中に非監護者である夫が子どもとの面会交流を求めたのに対し、調停委員会も勧めて監護者である妻がこれを承諾した場合、①冬休みの間子どもを夫に預けたところ、夫が約束を守らずに子どもを返さず、無断で子どもの住民票も移転したという事案（最判平成6年7月8日裁判集民172号751頁）、②妻の代理人である弁護士事務所で2人の子どもとの面接を行ったところ、夫がそのうちの1人の子どもを強引に連れ去ったという事案（最判平成11年4月26日判時1679号33頁）では、いずれも夫の行為を「顕著な違法性がある」と認めている。

　これらの判例は、前掲の最判平成5年10月19日の明白性の原則を変更したものではなく、調停委員会が関与して形成された当事者間の合意に違反した点につき、前掲の最判平成6年4月26日が示した具体化の1つである「仮処分や審判に従わない場合」に準じた違法性を認めたものだと考えられる。また、前掲の最判平成11年4月26日は、「法律上正当な手続きによらない」ことをもって「顕著な違法性がある」と指摘している。

(5)　ハーグ条約実施法に基づく子の引渡し

　この30年間に制定された子の引渡しに関する法令としては、ハーグ条約と

ハーグ条約実施法がある。国際的な子どもの奪い合い事件に対しては、いったん子どもがある国から連れだされてしまうと、子どもの引渡しに関する国際的な条約がなければ、その子どもに対する法的な対応は困難である。そのような問題を受けて、1980（昭和55）年10月25日に「ハーグ国際私法会議」が条約を採択し、1983（昭和58）年12月 1 日にハーグ条約（正式名称は、「国際的な子の奪取の民事上の側面に関する条約」）が発効した。

　この条約が締結されると、離婚紛争中や離婚後に不法にＡ国からＢ国に子どもが連れ去られた場合、Ａ・Ｂ両国が条約締結国であれば、Ｂ国の中央当局は子どもをＡ国に返還する義務を負うこととなる。日本でも2013（平成25）年 5 月22日の第183回通常国会でハーグ条約の締結が承認され、同年 6 月12日にハーグ条約実施法（正式名称は、「国際的な子の奪取の民事上の側面に関する条約の実施に関する法律」）が成立した。

　ハーグ条約実施法は、条約の中央当局を外務大臣と定め（ 3 条）、子どもが日本に連れ去られてきた場合には、常居所地である外国への返還援助（ 4 条以下）や面会交流援助（16条以下）などを、子どもが日本から連れ去られた場合には、常居所地である日本への返還援助（11条以下）や外国面会交流援助（21条以下）などを求めることができるとしている。

　これらの事件は、子どもの住所地によって、東京家庭裁判所または大阪家庭裁判所の管轄となる（32条）。これらの事件では、家庭裁判所調査官に事実調査を行わせることができ（79条）、子どもの年齢及び発達の程度に応じて子どもの意思を考慮しなければならないものとされている（88条）。強制執行については、間接強制を前置とし（136条）、間接強制後に代替執行を行うものとされていた（134条以下）。

　しかし、ハーグ条約実施法における強制執行のあり方ついては、法制審議会民事執行法部会は、2018（平成30）年 8 月31日に「民事執行法制の見直しに関する要綱案」を決定し、同年10月 4 日の法制審議会総会で同要綱案が採択され、ハーグ条約実施法は改正された。ハーグ事案の強制執行は間接強制

を前置することとなっていたが、これが見直され、ア）間接強制の決定が確定した日から２週間を経過したとき、イ）間接強制を実施しても、債務者が常居住地国に子どもを返還する見込みがあるとは認められないとき、ウ）子どもの急迫の危険を防止するため直ちに子どもの返還の代替執行をする必要があるときのいずれかによる場合には、代替執行の申立てをすることができるものとされた。

　ハーグ条約実施法に基づく子の返還命令の代替執行が不奏功となった場合に、人身保護請求が認められた事案がある（最判平成30年３月15日民集72巻１号17頁）。その事案は、次のようなものである。1994（平成６）年に日本で婚姻した日本人夫婦Ｘ・Ｙが２人の子をもうけてアメリカに移住し、アメリカで３人目の子Ａ（二男）をもうけたが、2016（平成28）年１月にＹは、Ｘに無断でＡ（当時11歳３か月）を連れて日本に帰国して日本でＡを監護していた。Ｘは、ハーグ条約実施法に基づいてＡのアメリカへの返還を申し立てて、東京家裁が返還を命ずる終局決定をし、2017（平成29）年５月に執行官が代替執行のためにＹ宅でＡの解放実施を試みたが、Ｙが激しく抵抗したために代替執行は不奏功となった。そこでＸは、同年７月、名古屋高裁に人身保護請求をしたところ、棄却されたため、上告受理の申立てを行い、最高裁は破棄差戻しとして差戻審は人身保護請求を認容するに至った（名古屋高判平成30年７月17日判時2398号91頁）というものである。その事案を図示すると、[図12]のようになる。

[図12]

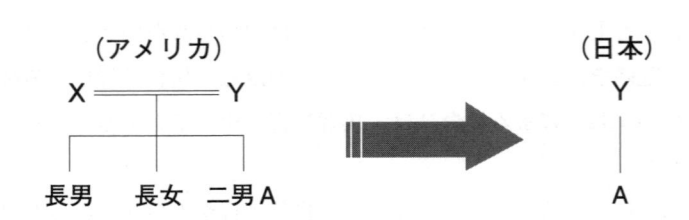

（アメリカ）

X ══════ Y

長男　長女　二男 A

（日本）

Y

A

平成 6 年：X・Y 婚姻

平成14年頃：X・Y 長男長女、アメリカに移住

平成16年：二男 A 誕生

平成28年 1 月：Y、X に無断で A を日本に連れ帰った

　　　　 7 月：X、東京家裁にハーグ条約実施法に基づく子の返還請求

　　　　 9 月：東京家裁、A のアメリカへの返還を命ずる終局決定

平成29年 5 月：執行官、代替執行するが、不奏功

　　　　 7 月：X、名古屋高裁に人身保護請求　⇒　棄却　⇒　上告
　　　　　　　受理申立て

平成30年 3 月15日：本件最高裁判決

　　　　 7 月17日：名古屋高裁差戻審判決

　　以上のような事案につき、最高裁は、次のように判示した。

　　まず、Y による A の監護が拘束に当たるかにつき、「意思能力がある子の
監護について、当該子が自由意思に基づいて監護者の下にとどまっていると
はいえない特段の事情のあるときは、上記監護者の当該子に対する監護は、
人身保護法及び同規則にいう拘束に当たると解すべきである（最高裁昭和61
年(オ)第644号同年 7 月18日第二小法廷判決・民集40巻 5 号991頁参照）。本件
のように、子を監護する父母の一方により国境を越えて日本への連れ去りを

された子が、当該連れ去りをした親の下にとどまるか否かについての意思決定をする場合、当該意思決定は、自身が将来いずれの国を本拠として生活していくのかという問題と関わるほか、重国籍の子にあっては将来いずれの国籍を選択することになるのかという問題とも関わり得るものであることに照らすと、当該子にとって重大かつ困難なものというべきである。また、上記のような連れ去りがされる場合には、一般的に、父母の間に深刻な感情的対立があると考えられる上、当該子と居住国を異にする他方の親との接触が著しく困難になり、当該子が連れ去り前とは異なる言語、文化環境等での生活を余儀なくされることからすると、当該子は、上記の意思決定をするために必要とされる情報を偏りなく得るのが困難な状況に置かれることが少なくないといえる。これらの点を考慮すると、当該子による意思決定がその自由意思に基づくものといえるか否かを判断するに当たっては、基本的に、当該子が上記の意思決定の重大性や困難性に鑑みて必要とされる多面的、客観的な情報を十分に取得している状況にあるか否か、連れ去りをした親が当該子に対して不当な心理的影響を及ぼしていないかなどといった点を慎重に検討すべきである」として、本件Aにつき、「被拘束者が自由意思に基づいて被上告人の下にとどまっているとはいえない特段の事情があり、被上告人の被拘束者に対する監護は、人身保護法及び同規則にいう拘束に当たるというべきである」と認定した。

　そして、拘束の顕著な違法性につき、「国境を越えて日本への連れ去りをされた子の釈放を求める人身保護請求において、実施法に基づき、拘束者に対して当該子を常居所地国に返還することを命ずる旨の終局決定が確定したにもかかわらず、拘束者がこれに従わないまま当該子を監護することにより拘束している場合には、その監護を解くことが著しく不当であると認められるような特段の事情のない限り、拘束者による当該子に対する拘束に顕著な違法性があるというべきである」と判断した。

　ただし、「本件については、被拘束者の法廷への出頭を確保する必要があ

り、この点をも考慮すると、前記説示するところに従い、原審において改めて審理判断させるのを相当と認め、これを原審に差し戻す」こととされたのである。

⑤　親権の停止・喪失

(1)　児童虐待と親権

　親権の懲戒権規定が削除されると、親権者が子どもに対してしつける権利は何を根拠として生じるのかが問題とされた。この点については、親の子どもに対する監護養育機能として、親権の監護教育の権利及び義務から生じてくるものであり、民法820条に基づいてしつけをなしうることに疑いはない。

　したがって、親権が正しく機能した場合の適切な"しつけ"と、親権を逸脱・濫用した場合の不適切な"虐待"という両義的な現象を生むことになることに注意が必要である。懲戒権規定があったからしつけができたのではない。もともとしつけは、親権の内容であったのであるが、同じ根拠から虐待も生じうるという危うさを含んでいるのである。

　親だからといって、常に適切な"しつけ"を行えるわけではなく、適切な"しつけ"に失敗してしまうこともあるだろう。また、親が子どもに対する"しつけ"を逸脱してしまい、虐待に及んでしまう場合もあることとなる。しかし、親権が機能不全を起こして虐待まで生じてしまった場合には、逃げることのできない子どもにとって最も救いようのない事態を招くことになる。

　さらに、親が子どもを人格的に独立した存在として扱うことができず、いつまでも未熟な子どもとして扱い、一方的に過度に保護しつづけることによって、子どもの自己実現をも絡め取るようになってしまうと、逆に、子どもの自立を阻んでしまうことにもなりかねない。したがって、親の監護養育機能には、適切なしつけ——不適切な虐待という現象と人格の尊重による自立支援——過保護による自己実現阻害という現象の2つの両義的現象とを生じ

うるのである。

　前者の不適切な虐待という現象に対しては、親権の逸脱・濫用にほかならないため、裁判所が介入して親権を停止したり親権を喪失させたりして、子どもの尊厳を回復しなければならない。しかし、このプロセスがあまり機能していなかった。それは、民法が以上のような介入措置を設けておきながら、親権者に子どもに対する懲戒権も認めていたため、親権者によって「しつけをして何が悪い」という主張（これが「親権の壁」となっていた。）を許してしまっていたからである。懲戒権規定が削除されて体罰も禁止されたのであるから、今後は、そのような主張は許されなくなる。

　後者の過保護による自己実現阻害という現象に対しては、子どもに対し、意見表明権を有する独立した人格主体として受け止めていく姿勢を持つことが必要である。親は、子どもの監護養育権能を有しているからといって、常に子どもを直接支援ばかりしていては、子どもが自立していくチャンスを失ってしまう。親は、ハラハラしながらも、子どもの身近なところで子どもを見守ることが何より大切な親としての役割なのではないかと思われる。

　2022（令和4）年4月から、成年年齢が20歳から18歳に引き下げられたのであるが、それは若者たちが十分に成熟しているからではなく、これからの日本を担っていくべき若者たちが自覚をもって社会参加していくことに期待したということなのである。そうだとすれば、子どものいる家庭に対して、家庭内において児童虐待が生じないように受容型ソーシャルワークが行われなければならないとともに、子どもを独立した人格として尊重できるような家庭内での監護養育支援も意識的に行われなければならないということでもあろう。

⑵　児童虐待と親権の喪失

　2011（平成23）年の民法改正前においても、父または母が親権を濫用し、または著しく不行跡であるときは、家庭裁判所は、子の親族または検察官の

請求によって、その親権の喪失を宣告することができるとされていた（旧834条）。後述するように、2011（平成23）年の民法改正によって、親権喪失宣告制度が親権喪失審判制度に変わった。親権喪失審判制度は、次のような規律である。

　父または母による虐待または悪意の遺棄があるとき、その他父または母による親権の行使が著しく困難または不適当であることにより子の利益を著しく害するときは、家庭裁判所は、子、子の親族、未成年後見人、未成年後見監督人、検察官、児童相談所長の請求によって、２年以内にその原因が消滅する見込みがないときは、親権喪失の審判をすることができる（民法834条、児童福祉法33条の７）。

　親権喪失の審判の認容例については、名古屋家岡崎支審平成16年12月９日家月57巻12号82頁などがある。名古屋家岡崎支審平成16年12月９日の事案は、未成年者が実母である事件本人Ｂ及び同人が当時交際していた事件本人Ａから身体的虐待を受けている可能性があるとして、児童相談センター（児童相談所）が一時保護措置をとり、さらに審判を受けて未成年者を施設に入所させた後、児相センター長である申立人が、その後婚姻しＡと未成年者（代諾者Ｂ）との養子縁組届を提出した事件本人らの親権喪失宣告を申立てたというものである。そのような事案において、事件本人らには未成年者の監護養育や施設の早期退所の必要性等についての配慮が全く伺われず、むしろ、未成年者についての親権を児童相談所への抗議行動や実父Ｄに対する金銭要求等の手段としているのであって、こうした態度は未成年者の福祉を著しく損ない、親権の濫用といわざるを得ないとして、事件本人らの親権の喪失申立てが認められたものである。

　また、父または母による管理権の行使が困難または不適当であることにより子の利益を害するときは、家庭裁判所は、子・子の親族・未成年後見人・未成年後見監督人・検察官・児童相談所長の請求によって、管理権喪失の審判をすることができる（民法835条、児童福祉法33条の７）。

　管理権喪失の審判の認容例については、高松家審平成20年1月24日家月62巻8号89頁などがある。高松家審平成20年1月24日の事案は、事件本人の元妻である申立人が、未成年者の親権者である事件本人に対し、未成年者所有の不動産を売却して事件本人の債務の返済に充てるなどしているとして、親権喪失宣告の申立をしたというものである。そのような事案において、事件本人は未成年者の親権者となったが、離婚当時から生活費、ギャンブル及び飲酒代のために相当額の負債を抱えていたこと、事件本人は、債務の返済のために、未成年者所有の不動産を売却し、未成年者の申入れにもかかわらず、その売買代金を未成年者の希望どおり大学の授業料として使うことはなかったこと、未成年者に無断で未成年者の不動産を売却しようとしたことが認められるから、事件本人は、管理が失当であったことによって未成年者の財産を危うくしたものと認められるとして、管理権喪失の申立が認容されたものである。

　親権喪失原因は、2011（平成23）年の民法改正によって改正され、それまでの「親権の濫用」「著しい不行跡」に代えて、①父または母による虐待または悪意の遺棄があるとき、②親権の行使が著しく困難または不適当であることにより子の利益を著しく害するときの2つが定められた（834条）。①は、子どもの利益を自己の帰責事由によって、親権者が直接的に害する行為を行っている場合を指しており、②は、子どもの利益に関する第一次的な裁量権限につき、親権者が自己に帰責事由がなくても著しく逸脱している場合を指している。

　従来の「濫用」「不行跡」という用語は親に帰責事由がある場合を念頭に置いていたと思われるが、改正後の「著しく困難または不適当」という文言は、親に帰責事由があるかどうかにかかわらず客観的に見て著しく困難または不適当であれば足りるものと解されている。したがって、親権喪失については、親権者の責に帰すべき事由があるかどうかを問わず、客観的に子どもの利益を著しく害しているかどうかで決すべきこととなる。

⑶　**親権の停止**

　2011（平成23）年の民法改正では、親権停止の審判の制度が新たに定められた。1989（平成元）年に子どもの権利条約が採択され、1994（平成6）年に日本が同条約を批准したことに基づいて、2000（平成12）年には児童虐待防止法が成立した。そして児童虐待防止法と児童福祉法の数度の改正により、児童虐待に対する対応措置が規定されてきたが、根本的な実体法である民法の親権規定には手をつけてこなかったのである。

　これまでの諸法の改正によって、児童養護施設に一時保護された子どもに対する措置は進んできたのであるが、児童福祉法等による対応では限界があったうえ、施設に一時保護によって入所した子どもに関しては、面会・通信の制限や接近禁止命令などの制度が設けられているものの、在宅での指導対象となっている子どもに対する対応措置は極めて不十分であった。

　そこで2011（平成23）年に民法と児童福祉法が改正されることとなり、「父又は母による親権の行使が困難又は不適当であることにより子の利益を害するとき」には、子、子の親族、未成年後見人、未成年後見監督人、検察官、児童相談所長の請求によって、家庭裁判所が親権停止の審判をすることができるものとされた（民法834条の2第1項、児童福祉法33条の7）。親権停止の審判の認容例については、千葉家館山支審平成28年3月31日判タ1433号250頁などがある。

　千葉家館山支審平成28年3月31日の事案は、軽度の知的障害のある未成年者が、特別支援学校に進学するに当たり、療育手帳の取得等の諸手続を行わなければならないにもかかわらず、親権者がこれに応じないなど、親権者による親権の行使が不適切であり、未成年者の利益を害するとして、親権停止を求めたものである。そのような事案において、親権停止の申立てが認められ、親権者の未成年者に対する親権を本審判確定の日から2年間停止することが言い渡された。

　親権の機能が不全状態となっている程度によって、機能不全であれば親権

停止、その程度が著しければ親権喪失、という段階的な対応措置が定められることとなったわけである。親権停止の審判がなされた場合、2年を超えない範囲で親権停止期間を定めることとなる（民法834条の2第2項）。

　なお、児童虐待防止法15条は、親権喪失の制度が適切に運用されなければならないと定めているが、親権停止の制度については沈黙している。それは、親権停止の制度を軽視しているわけではなく、親権停止が問題となる場合は親権の機能不全が著しくはない場合であって、親権者の子どもに対する監護養育状態に不適切さがあったからといって直ちに親権停止にすべきだとはいえないことがあるからにほかならないであろう。

　令和6年5月に最高裁判所事務総局が公表した司法統計年報家事編によれば、親権喪失・親権停止・管理権喪失の審判及びその取消しの審判の全家庭裁判所における新受件数は、次のようになっている。後ろのカッコ内は家事審判事件の新受件数であり、％は全家事審判事件に対する親権喪失・親権停止・管理権喪失の審判及びその取消しの審判の割合を示している。

昭和24年：258件（285,786件）　…0.09027%

昭和30年：395件（307,488件）　…0.12846%

昭和40年：136件（236,588件）　…0.05748%

昭和50年：102件（210,552件）　…0.04844%

昭和60年：　74件（304,377件）　…0.02431%

平成7年：　66件（301,133件）　…0.02191%

平成17年：139件（548,834件）　…0.02532%

平成26年：274件（730,608件）　…0.0375%

平成27年：267件（784,088件）　…0.03405%

平成28年：316件（835,713件）　…0.03781%

平成29年：373件（863,882件）　…0.04317%

平成30年：399件（883,000件）　…0.04518%

令和元年：374件（907,798件）　…0.04119％

令和２年：390件（926,830件）　…0.04207％

令和３年：363件（967,412件）　…0.03752％

令和４年：386件（976,082件）　…0.03954％

令和５年：440件（1,007,580件）　…0.04367％

　以上のように、親権喪失・親権停止・管理権喪失の審判及びその取消しの審判の申立ての新受件数は、非常に少ない。意外にも、敗戦から高度経済成長が始まる昭和30年にかけては、親権喪失宣告の申立て新受件数の割合が最も多かった。2011（平成23）年に親権停止制度が導入されたため、申立ての新受件数は若干増えたことが見て取れるが、他の審判申立ての新受件数も増加しているため、新受件数の割合はさほど高くなってはいない。しかし、2023（令和５）年に新受件数が少し増加しているのは、懲戒権規定が削除されたこと（この規定の削除は、改正法公布日である令和４年12月16日に施行された。）も少しは影響を与えているのであろうか。

第 5 章
後見・扶養

① 後見・扶養の全体像

⑴　後見法の改正と扶養法の改正

　1999（平成11）年に民法改正が行われ、従来の禁治産宣告・準禁治産宣告という２段階の制度は、成年後見開始審判・保佐開始審判・補助開始審判という３段階の法定後見制度となった。成年後見制度とは、判断能力の低下した成年者に対して、代弁的支援を行うことを目的とする制度のことを指しており、法定後見制度および任意後見契約法（正式名称は、「任意後見契約に関する法律」）によって成立した任意後見制度を含む総称である。

　1999（平成11）年の民法改正前の禁治産宣告・準禁治産宣告制度は、要支援者の保護というパターナリズムの理念のもとに過度の規制も定めており、社会的偏見を伴う硬直的で利用しにくい制度であった。特に禁治産宣告制度は、多くの法令における資格制限規定との連動性があり、過度の資格制限がノーマライゼーションの理念に反するものとして問題となった。

　そこで、自己決定権の尊重、残存能力の活用、ノーマライゼーションの達成という理念のもとに、柔軟かつ弾力的な利用しやすい制度にすべく成年後見制度が成立したのである。成年後見制度の具体的な内容は、①禁治産宣告・準禁治産宣告に相当する成年後見開始審判・保佐開始審判の内容をそれぞれ弾力化するとともに、原則として精神鑑定を要しない補助開始審判という新しい類型を創設したこと、②配偶者法定後見人制度を廃止し、複数後見人・法人後見人などを明文化して、支援方法を多様化したこと、③戸籍への記載を廃止して、原則非公開の新しい登記制度を創設したこと、④身よりのない高齢者など支援が必要であるにもかかわらず申立人でさえ確保できない場合のために、関係福祉法の整備によって、市町村長に「福祉を図るため特に必要があると認められるとき」に申立権を付与したこと、⑤十分な判断能力があるうちに、判断能力が低下した場合の後見事務の内容と任意後見人と

を自ら決めておく契約制度であり、判断能力が低下した場合には、任意後見監督人を選任することによって公的な監督を伴うものとする任意後見制度を創設したことなどであった。

　これに対して、扶養制度に関しては、民法改正は行われてはいない。2024（令和6）年の民法改正の議論では、中間試案の段階では、未成年の子に対する父母の扶養義務の程度が、他の直系親族間の扶養義務の程度（生活扶助義務）よりも重いもの（生活保持義務）であることを明らかにする趣旨の規律をもうけるものとし、成年に達した子に対する父母の扶養義務の程度について、他の直系親族間の扶養義務と同程度とする考え方などが検討事項として示されていた。最終的には、扶養義務については、民法817条の12が新設され、父母は、子に対して、「自己と同程度の生活を維持することができるよう扶養しなければならない」と定め、いわゆる生活保持義務であることを明確にした。成年に達した子に対する父母の扶養義務の程度については、特段の規律がもうけられておらず、引き続き解釈に委ねられることとなった。

　民法817条の12第1項の条文は次のとおりである。

> **民法**
> **（親の責務等）**
> 第817条の12　父母は、子の心身の健全な発達を図るため、その子の人格を尊重するとともに、その子の年齢及び発達の程度に配慮してその子を養育しなければならず、かつ、その子が自己と同程度の生活を維持することができるよう扶養しなければならない。

⑵　禁治産宣告制度から成年後見制度への改正

　成年後見制度は、改正前の禁治産宣告制度を現代的に変更したものである。そもそも「禁治産宣告」とは、「財産を治めることを禁じる命令」という意

味であり、明治民法にいう財産とは、家の財産つまり「家産」を指すもので
あった。しかし、1947（昭和22）年に明治民法が現行民法に改正された際に
は、家産は保護の対象でなくなり、判断能力が不十分な人の財産を保護する
制度へと意味を変えたのである。すなわち、判断能力が不十分な人は、判断
能力が不十分なためにその財産を侵害されるおそれがあるため、行為能力を
制限して財産管理を第三者に委ねるパターナリズムの制度へと変更されたこ
ととなる。

　したがって、禁治産宣告は、パターナリズムそのものを表す呼称であり、
ノーマライゼーションの理念に照らすと、本人の自己決定（意思決定）を中
心として、第三者が側面支援する代弁的支援を行う呼称のほうが望ましい。
そういう意味では、禁治産宣告制度という高圧的な呼称ではなく、成年後見
制度という支援的な呼称に変わったと理解できる。

　1999（平成11）年当時は、社会福祉基礎構造改革が同時並行的に行われて
おり、社会福祉サービスの提供方式を措置という行政処分から契約という法
律行為へと転換することとし、改正民法の施行と公的介護保険法の施行とが
2000（平成12）年４月に同時施行とされたのである。そのため、禁治産宣告
制度から成年後見制度への変更も短期間での検討となってしまい、大幅な変
更までは及ばなかった。たとえば、公的後見制度の検討などは時間不足でな
しえなかった。

　もっとも、民法858条を規定し直し、本人の意思尊重義務と身上配慮義務
を定めたことは、従来の禁治産宣告制度の「財産保護制度」という性質を大
きく変更するものであったと評価できる。成年後見制度は、施行されてすで
に約25年経過してきた。これまでの25年の間に、最高裁判所や家庭裁判所、
各種の職能団体と専門職、家族法学者や福祉実務者などの努力が積み重ねら
れてきた。その到達点が現在の実務である。

⑶　自己決定権（意思決定権）の尊重

　成年後見制度は、判断能力が不十分となった人の自己決定権（意思決定権）を尊重しようとする立場を明確にしている。民法の条文では、民法858条が端的に成年後見人による成年被後見人の意思尊重義務を明記している。また、民法9条ただし書により、日常生活に関する行為に関しては、成年後見人は取消権を行使しえない。さらに、民法843条4項に定めているとおり、成年後見人の選任については、本人の意見を考慮しなければならない。これらのように、従来の禁治産宣告制度にはなかった規定が設けられている。

　保佐開始審判においても、民法876条の5第1項が保佐人の被保佐人の意思尊重義務を明記しており、民法13条1項ただし書により、日常生活に関する行為に取消権を行使しえないことも定められている。民法876条の2第2項は同843条4項を準用し、保佐人の選任については、被保佐人の意見を考慮しなければならないとしている。また、民法876条の4第2項に基づいて、本人以外の者が保佐人に特定の法律行為に関する代理権を付与する審判を請求するに当たっては、本人の同意が必要であるとしている。さらに、民法13条3項は、本人の不利益となるおそれがない行為について保佐人が同意しない場合には、被保佐人は、家庭裁判所から保佐人の同意に代わる許可を得て、当該行為を自ら行うことができるものとしている。

　補助開始審判は、禁治産宣告時代にはなかった第3の類型として、補助人の支援を受けるものの、あらゆる側面で被補助人本人の同意を要するものとしており、本人の自己決定権（意思決定権）の尊重を進めた制度である。民法876条の10第1項は補助人について保佐人の意思尊重義務の規定（民法876条の5第1項）を準用し、民法17条1項は保佐に関する規定（民法13条1項）を前提としている。民法876条の7第2項は同843条4項を準用し、補助人の選任については、被補助人の意見を考慮しなければならないとしている。

　また、民法15条2項は、本人以外の者が補助開始審判を請求するには本人の同意が必要であるとし、民法17条2項は本人以外の者が補助人に特定の法

律行為に関する同意権を付与する審判を請求するに当たっては本人の同意が必要であるとし、民法876条の９は同876条の４第２項を準用して、本人以外の者が補助人に特定の法律行為に関する代理権を付与する審判を請求するに当たっては本人の同意が必要であるとしている。さらに、民法17条３項は、本人の不利益となるおそれがない行為について補助人が同意しない場合には、被補助人は、家庭裁判所から補助人の同意に代わる許可を得て、当該行為を自ら行うことができるものとしている。

　自己決定権（意思決定権）の尊重に関しては、いくつかの意思決定支援ガイドラインが公表されている。「障害福祉サービス等の提供に係る意思決定支援ガイドライン」が2017（平成29）年３月31日に公表された。次に、「認知症の人の日常生活・社会生活における意思決定支援ガイドライン」（厚生労働省）が2018（平成30）年６月に公表された。そして、「人生の最終段階における医療・ケアの決定プロセスに関するガイドライン」が2018（平成30）年３月に改訂された（策定は2007（平成19）年）。さらに、「身寄りがない人の入院及び医療に係る意思決定が困難な人への支援に関するガイドライン」が2019（令和元）年５月に公表された。

② 法定後見

⑴　成年後見開始審判等の申立て

　2016（平成28）年に成年後見制度利用促進法と成年後見事務円滑化法が成立し、翌年３月に成年後見制度利用促進基本計画が閣議決定され、成年後見制度の利用促進が図られてきた。その一環として、成年後見制度の申立てに関する統一書式が作成され、2020（令和２）年４月から使用されている。この統一書式は、本人の権利を最大限に尊重しつつ、申立権者と家庭裁判所とが共働することによって、効率的な申立てから適切な開始審判がなされるように工夫されている。この書式については、拙著『成年後見ハンドブック』

（法曹会、2020年）を参照されたい。

　成年後見開始審判の申立ては、本人、配偶者、四親等内の親族、未成年後見人、未成年後見監督人、保佐人、保佐監督人、補助人、補助監督人、検察官、任意後見人、本人の福祉を図るため特に必要があると認められるときには、市区町村長が申し立て権者となる（民法7条、任意後見法10条、各種別福祉法）。申立ては、成年被後見人となるべき者の住所地を管轄する家庭裁判所にしなければならない。

　成年後見開始審判をするに当たっては、家庭裁判所は、成年被後見人となるべき者の精神の状況について、鑑定をしなければならないとされているが、明らかにその必要がないと認めるときは、精神鑑定をしなくてもよい（家事手続119条1項）。しかし、成年後見開始審判は、成年被後見人の行為能力を制限する効果を有しているものであるから、あまり柔軟すぎる運用は問題となることがあろう。

　従来の禁治産宣告制度の時代には、成年後見人等の任務は自然人が一人で担うべきものとされており、1999（平成11）年改正前民法843条では、「後見人は、一人でなければならない。」と定められ、保佐人にも民法847条1項でその規定が準用されていた。そして、法人後見も認められていなかった。

　しかし、1999（平成11）年の民法改正時に複数後見や法人後見も広く認めるべきものとされ、複数後見も法人後見もともに認められることとなった。民法843条3項では、「成年後見人が選任されている場合においても、家庭裁判所は、必要があると認めるときは、前項に規定する者若しくは成年後見人の請求により、又は職権で、更に成年後見人を選任することができる」と定めて、複数後見を正面から認めている。なお、この条文は、民法876条の2第2項で保佐に、民法876条の7第2項で補助に準用されている。複数の後見人が選任された場合、家庭裁判所は、職権で、権限の共同行使や事務の分掌を定めることができることとされている（民法859条の2第1項。同条文は、民法876条の5第2項で保佐に、民法876条の10第1項で補助に準用され

ている。)。

　法人後見については、民法843条4項の括弧書で、(成年後見人となる者が法人であるときは、その事業の種類及び内容並びにその法人及びその代表者と成年被後見人との利害関係の有無)と定められたことによって、法人後見人が選任されていることを前提として考慮事項の定めが明記された。この条文も、民法876条の2第2項で保佐に、民法876条の7第2項で補助に準用されている。

　以上のように、複数後見や法人後見が認められているのであるから、それらの利用が適している事案については、機能的に複数後見や法人後見が選択されるべきであろう。例えば、複数後見人を選任しないと後見事務を遂行しづらい困難事例には複数後見とすべきであろう。また、全国的に後見事務が広がっているような事例では全国的な組織を持つ法人を後見人に選任すべきだろう。司法書士が設立した公益社団法人成年後見センター・リーガルサポートでは、法人後見が妥当する場合として、一個人として後見事務を遂行することが困難な場合を挙げており、具体的なケースとして、①後見人等が関係者から暴力等の危害を受けることが予想される事件、②管理すべき財産が広範囲に及ぶような事件、③本人が生活困窮者であって、家庭裁判所や市町村から特に要請がある事件などを挙げている。

　なお、2011(平成23)年の民法改正により、未成年後見においても、成年後見と同様に、複数未成年後見や法人未成年後見も認められるに至った。すなわち「未成年後見人は、一人でなければならない。」(旧842条)を削除し、民法857条の2に未成年後見人が数人ある場合の規律をもうけた。また、840条3項の括弧書で、(未成年後見人となる者が法人であるときは〜)と定められ、法人未成年後見が許容されることとなった。

　成年後見も未成年後見も複数後見が認められるようになったため、複数後見人間での職務分掌を行うことがありうる。ただし、成年後見と未成年後見では、職務分掌が少し異なっている。未成年後見に関する民法857条の2第

２項では、「未成年後見人が数人あるときは、（中略）財産に関する権限のみを行使すべきことを定めることができる。」とされているが、成年後見に関する民法859条の２第１項では、「成年後見人が数人あるときは、（中略）数人の成年後見人が、共同して又は事務を分掌して、その権限を行使すべきことを定めることができる。」とされている。

　未成年後見人は、未成年者の身上監護に関する事項について、「親権を行う者と同一の権利義務を有する」（民法857条１項）のに対し、成年後見人は、被後見人の財産管理に関する代理権しか有していないからである（民法859条）。わかりにくい規律となっているが、民法859条は、未成年後見と成年後見にともに適用される条項であるが、民法857条の２は、未成年後見だけに適用される条項である。

　成年後見の流れを図示すると、**[図13]** のようになる。

[図13]

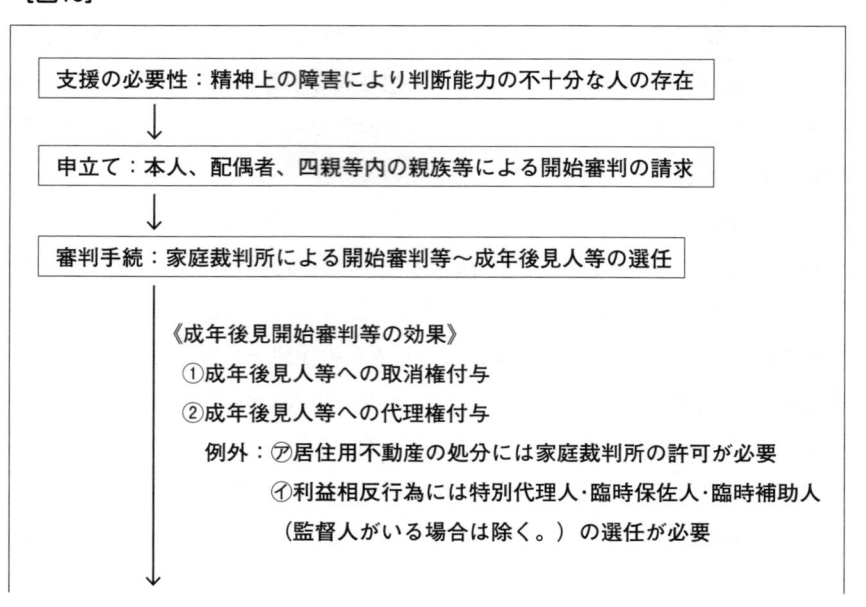

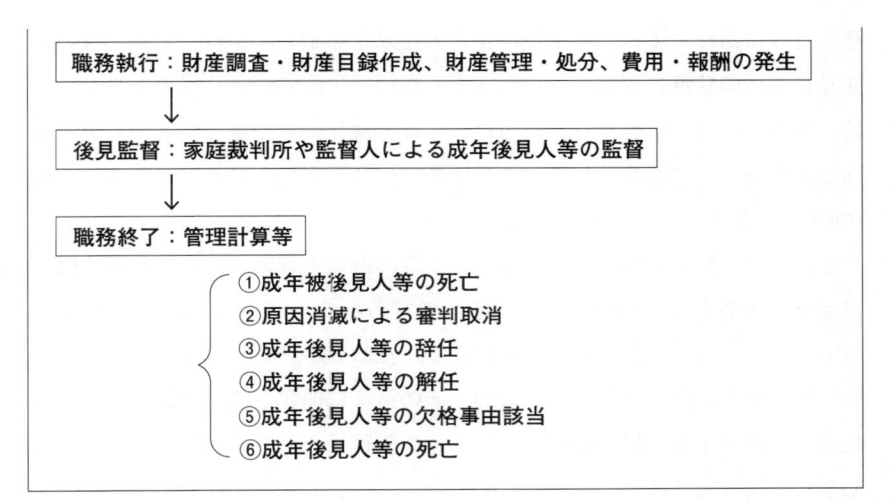

(2) 成年後見人等の職務と権限

　成年後見人は、遅滞なく被後見人の財産の調査に着手し、1カ月以内にその調査を終えて財産目録を作成しなければならない（民法853条1項）。ただし、その期間は、家庭裁判所が伸長することができる（同項ただし書）。財産調査と財産目録の作成は、後見監督人があるときは、後見監督人の立会いをもってしなければ効力を生じないものとされている（同条2項）。財産目録の作成が終わるまでは、成年後見人は、急迫の必要がある行為のみをする権限を有するが、その制限は善意の第三者には対抗できない（民法854条）。

　成年後見人が成年被後見人に対して債権を有しまたは債務を負担している場合には、成年後見監督人があるときは、財産調査に着手する前に成年後見人は成年後見監督人に申し出なければならず、成年被後見人に対して債権があることを知って申し出ないときはその債権を失うものとされている（民法855条）。保佐人、補助人に関しては、成年後見人とは異なり、自動的に法定代理権を有しているわけではないため、このような規定は設けられていない。

　成年後見人は、成年被後見人の生活、療養看護及び財産の管理に関する事

務を行うにあたっては、成年被後見人の意思を尊重し、かつ、その心身の状態及び生活の状況に配慮しなければならない（民法858条）。保佐人や補助人は、保佐・補助の事務を行うに当たっては、被保佐人や被補助人の意思を尊重し、かつ、その心身の状態及び生活の状況に配慮しなければならない（民法876条の5第1項、876条の10第1項）。

　また、成年後見人等は、成年被後見人等の財産を管理するに当たっては、善良な管理者としての注意義務をもって行わなければならない（民法869条、876条の5第2項、876の10第1項による民法644条の準用）。成年後見人は、成年被後見人の財産を管理し、かつ、その財産に関する法律行為について被後見人を代表する（民法859条）。これは成年後見人が財産管理に関する包括的な法定代理人であることを示している。

　保佐人は、自動的に法定代理権を有しているものではなく、家庭裁判所は、保佐開始審判の申立権者（民法11条本文に規定する者）または保佐人もしくは保佐監督人の請求によって、被保佐人のために特定の法律行為について、保佐人に代理権を付与する旨の審判やその取消の審判をすることができる（民法876条の4第1項・3項）。ただし、本人以外の者の請求によって、代理権付与の審判をするには、本人の同意がなければならない（同条2項）。

　補助人も、自動的に法定代理権を有しているものではなく、家庭裁判所は、補助開始審判の申立権者（民法15条1項本文に規定する者）または補助人もしくは補助監督人の請求によって、被補助人のために特定の法律行為について補助人に代理権を付与する旨の審判・その取消の審判をすることができる（民法876条の9第1項・2項）。本人以外の者の請求によって、代理権付与の審判をするには、本人の同意がなければならない（同条2項による民法876条の4第2項の準用）。

　居住用不動産の処分については、成年後見人が、成年被後見人に代わって、その居住の用に供する建物又はその敷地について、売却、賃貸、賃貸借の解除又は抵当権の設定その他これらに準ずる処分をするには、家庭裁判所の許

可を得なければならない（民法859条の３）。居住用不動産の処分は、被後見人の心身の状態に及ぼす影響が非常に大きいからである。保佐人や補助人に被保佐人・被補助人所有の不動産の処分について代理権が付与された場合、居住用不動産の処分については、被保佐人・被補助人の心身の状態に及ぼす影響の重大さに鑑みて、別途家庭裁判所の許可を得なければならない（民法876条の５第２項、民法876条の10第１項）。

　成年後見人と成年被後見人の利益が相反し、成年後見監督人がいない場合には、特別代理人を選任しなければならない（民法860条による民法826条の準用）。なお、成年後見人が成年被後見人の財産または成年被後見人に対する第三者の権利を譲り受けたときは、成年被後見人は取り消すことができる（民法866条）。この場合には、相手方の催告権の規定（民法20条）が準用されている。

　保佐人と被保佐人の利益が相反し、保佐監督人がいない場合には、臨時保佐人を選任しなければならない（民法876条の２第３項）。保佐人は当然に代理権を有しているわけではないため、特別代理人でなく臨時保佐人を選任することとなる。同様に、補助人と被補助人の利益が相反し、補助監督人がいない場合には、臨時補助人を選任しなければならない（民法876条の７第３項）。

　成年後見人は、その就職の初めに、被後見人の生活、教育または療養看護および財産管理のために毎年支出すべき金額を予定しなければならない（民法861条１項）。後見事務を行うために必要な費用は、被後見人の財産の中から支弁する（同条２項）。成年後見人、成年後見監督人等は、報酬請求権を有する（民法862条、852条、876条の３、876条の５、876条の８、876条の10）。

(3)　郵便物等の管理

　従来は、成年被後見人に宛てた郵便物等を成年後見人が受け取ることはで

きないとされてきた。成年被後見人のもとには、株式の配当通知や外貨預金の入出金明細、クレジットカードの利用明細やさまざまな請求書などが送られてくることがあり、成年後見人が適切に成年被後見人の財産管理を行うためには、これらの書類に目を通し、成年被後見人の財産状況を正確に把握しておくことも必要である。しかし、成年被後見人に送られてくる手紙は財産管理に関するものばかりではない。したがって、成年後見人が成年被後見人宛の手紙を受け取ることはできないものとされてきた。

　そこで、2016（平成28）年4月に民法が改正され、家庭裁判所は、成年後見人がその事務を行うに当たって必要があると認めるときは、成年後見人の請求により、期間を定めて成年被後見人宛の郵便物等を成年後見人に配達するよう郵便事業者に嘱託することができるようになった（民法860条の2第1項）。ただし、成年後見人への転送嘱託の期間は、6カ月を超えることはできない（同条2項）。また、事情変更によって必要性がなくなったり、成年後見人の任務が終了したりした場合には、この嘱託は取り消されることになる（同条3項、4項）。これは、成年被後見人のプライバシーにも配慮しつつ、成年後見人が成年被後見人の財産管理を適切に行うために必要なことであると評することができる。

　家庭裁判所の転送嘱託に基づいて成年後見人に配達された成年被後見人の郵便物等については、成年後見人が開いて中を見ることができる（民法860条の3第1項）。しかし、成年後見人が受け取った郵便物等で成年被後見人の事務に関係のないものは、速やかに成年被後見人に交付しなければならない（同条2項）。高齢者や障害者にとって、友人や知人との大切な私信が本人の手元に届かないようでは本末転倒になってしまうため、成年後見人はこの点に特に注意すべきである。

　また、成年被後見人は、成年後見人に対して、成年後見人が受け取った郵便物等の閲覧を求めることができるとされている（同条3項）。成年被後見人が積極的に閲覧を求めてくればそれに応じなければならないのは当然のこ

とである。しかし、成年後見人のもとに郵便物が転送されてしまうと、成年被後見人はどのような手紙が来ているのかですらわからないのであるから、成年後見人はどのような郵便物等が配達されているかにつき、自ら積極的に成年被後見人に連絡・説明すべきである。

　成年被後見人が以上のような転送措置に対して不服がある場合には、成年被後見人やその親族は家庭裁判所の転送嘱託の審判に対して、即時抗告をすることができる（家事手続123条8号など）。家庭裁判所の転送嘱託は、後見開始の審判をした家庭裁判所に申し立てがなされる（同117条2項）。この審判をするに当たっては、原則として、成年被後見人の陳述を聴かなければならない（同120条1項6号）。

　成年後見人の郵便物等の管理に関する権限規定は次のとおりである。

民法

（成年後見人による郵便物等の管理）

第860条の2　家庭裁判所は、成年後見人がその事務を行うに当たって必要があると認めるときは、成年後見人の請求により、信書の送達の事業を行う者に対し、期間を定めて、成年被後見人に宛てた郵便物又は民間事業者による信書の送達に関する法律（平成14年法律第99号）第2条第3項に規定する信書便物（次条において「郵便物等」という。）を成年後見人に配達すべき旨を嘱託することができる。

2　前項に規定する嘱託の期間は、6箇月を超えることができない。

3　家庭裁判所は、第1項の規定による審判があった後事情に変更を生じたときは、成年被後見人、成年後見人若しくは成年後見監督人の請求により又は職権で、同項に規定する嘱託を取り消し、又は変更することができる。ただし、その変更の審判においては、同項の規定による審判において定められた期間を伸長することが

できない。

　4　成年後見人の任務が終了したときは、家庭裁判所は、第1項に規定する嘱託を取り消さなければならない。

第860条の3　成年後見人は、成年被後見人に宛てた郵便物等を受け取ったときは、これを開いて見ることができる。

　2　成年後見人は、その受け取った前項の郵便物等で成年後見人の事務に関しないものは、速やかに成年被後見人に交付しなければならない。

　3　成年被後見人は、成年後見人に対し、成年後見人が受け取った第1項の郵便物等（前項の規定により成年被後見人に交付されたものを除く。）の閲覧を求めることができる。

⑷　死後の事務処理権

　成年被後見人が死亡した場合、成年後見人の権限は自動的に消滅してしまうため、その後に必要な事務については成年被後見人の相続人等に対する事務管理として行なわざるをえないものと考えられてきた。

　しかしこの点についても、2016（平成28）年4月13日に民法が改正され、成年後見人は、成年被後見人が死亡した場合において、必要があるときは、成年被後見人の相続人の意思に反することが明らかなときを除き、相続人が相続財産を管理することができるに至るまで、次に掲げる行為をすることができるとし（民法873条の2）、第1号として、相続財産に属する特定の財産の保存行為、第2号として、弁済期が到来している相続財産に属する債務の弁済、第3号として、家庭裁判所の許可を得て、死体の火葬または埋葬に関する契約の締結その他相続財産の保存に必要な行為を挙げている。

　ただし、これらの措置については、成年後見の場合に規定が設けられただけであって、保佐や補助の場合には何も規定が設けられていない。保佐や補

助の場合には、被保佐人や被補助人の同意なく自動的に郵便物を保佐人や補助人に転送すべきでないことは理解できるところであるが、死後事務についての必要性は保佐や補助の場合も変わらないのではないかと思われる。また、成年後見人の死後事務についても、火葬を行うことは可能になったのであるが、葬儀を行う権限までは認められていない。葬儀に関しては、祭祀主宰者（祭祀承継者）との権限調整が必要であろうから、今後の課題として残っているものと考えざるを得ない。

　成年後見人の死後の事務処理に関する規定は次のとおりである。

民法

（成年被後見人の死亡後の成年後見人の権限）

第873条の2　成年後見人は、成年被後見人が死亡した場合において、必要があるときは、成年被後見人の相続人の意思に反することが明らかなときを除き、相続人が相続財産を管理することができるに至るまで、次に掲げる行為をすることができる。ただし、第3号に掲げる行為をするには、家庭裁判所の許可を得なければならない。

　一　相続財産に属する特定の財産の保存に必要な行為

　二　相続財産に属する債務（弁済期が到来しているものに限る。）の弁済

　三　その死体の火葬又は埋葬に関する契約の締結その他相続財産の保存に必要な行為（前2号に掲げる行為を除く。）

⑸　成年後見等の終了

　成年後見等の終了原因には、成年後見人や成年被後見人の死亡などの一般的終了原因のほかに、成年後見人等の解任や辞任などがある。家庭裁判所は、

成年後見人に不正な行為や著しい不行跡その他後見の任務に適しない事由が
あるときは、成年後見監督人、成年被後見人もしくはその親族もしくは検察
官の請求によりまたは職権で、成年後見人を解任することができる（民法
846条）。保佐人、補助人、成年後見監督人、保佐監督人、補助監督人等の解
任にもこの条文が準用されている（民法852条、876条の２第２項、876条の
３第２項、876条の７第２項、876条の８第２項）。

　成年後見人は、正当な事由があるときは、家庭裁判所の許可を得て、辞任
することができる（民法844条）。保佐人、補助人、成年後見監督人、保佐監
督人、補助監督人の辞任にもこの条文が準用されている（民法852条、876条
の２第２項、876条の３第２項、876条の７第２項、876条の８第２項）。

⑹　成年後見制度の利用支援と利用促進

　資産のない者に対する成年後見制度の利用を保障するための制度として、
成年後見制度の申立費用や成年後見人等の報酬を市区町村が助成する成年後
見制度利用支援事業がある。

　成年後見制度利用支援事業とは、「介護保険サービス、障害者福祉サービ
スの利用等の観点から、認知症高齢者又は知的障害者にとって、成年後見制
度の利用が有効と認められるにもかかわらず、制度に対する理解が不十分で
あることや費用負担が困難なこと等から利用が進まないといった事態に陥ら
ないために、市町村が行う成年後見制度の利用を支援する事業に対して補助
を行うもの」（平成13年５月25日老発第213号厚生労働省老健局長通知「介護
予防・地域支え合い事業実施要綱」、平成14年５月20日老発第0520005号によ
り一部改正）というものである。

　成年後見制度利用支援事業の対象者は、従来は市町村長の申立てによって
成年後見開始審判がなされた場合に限定されていた。つまり、申立権を有す
る親族がいない場合、あるいは、親族がいてもその親族が虐待している場合
などの限られた場合に対応するものと考えられていたのである。しかし、

2008（平成20）年４月からは、知的障害者および精神障害者に関して、成年後見利用支援事業の対象者は、市町村長の申立てがなされた場合に限定しないことが明らかにされた。また、認知症高齢者に関しても、平成20年10月24日付の厚生労働省老健局計画課長の「成年後見制度利用支援事業に関する照会について」により、成年後見制度利用支援事業において補助対象となるのは、市町村長申立てがなされた場合に限られず、本人申立てや親族申立て等の場合についても対象となりうることが示されている。

　また、成年後見制度は、認知症高齢者、知的障害者、精神障害者の財産管理や日常生活支援に重要な手段であるにもかかわらず、必ずしも十分に利用されていないことに鑑みて、成年後見制度利用促進法（正式名称は、「成年後見制度の利用の促進に関する法律」）が2016（平成28）年４月15日に公布された。

　成年後見制度利用促進法は、成年後見制度の利用促進につき、基本理念を定めて国の責務等を明らかにし、基本方針その他の事項を定め、成年後見制度の利用の促進に関する施策を総合的かつ計画的に推進することを目的としている（同１条）。このような目的のもと、政府は、成年後見制度の利用促進のため、目標・総合的かつ計画的に講ずべき施策などを定める基本計画を定めなければならないとされた（同12条）。

　政府は、関係行政機関相互の調整を行うことにより、成年後見制度の利用の促進に関する施策の総合的かつ計画的な推進を図るため、「成年後見制度利用促進会議」を設けるものとし（同13条１項）、関係行政機関は、成年後見制度の利用の促進に関し専門的知識を有する者によって構成する「成年後見制度利用促進専門家会議」を設け、その調整を行うに際しては、その意見を聴くものとされた（同条２項）。

　2022（令和４）年３月25日に閣議決定された第二期成年後見制度利用促進基本計画の骨子は、次のようなものである。

《第二期成年後見制度利用促進基本計画》（令和４年３月25日閣議決定）

Ⅰ　成年後見制度の利用促進に当たっての基本的な考え方及び目標
　　１　成年後見制度の利用促進に当たっての基本的な考え方
　　　⑴　地域共生社会の実現に向けた権利擁護支援の推進
　　　⑵　尊厳ある本人らしい生活を継続できるようにするための成年後見制度の運用改善等
　　　⑶　司法による権利擁護支援などを身近なものにするしくみづくり
　　２　今後の施策の目標等
　　　⑴　目標
　　　⑵　工程管理
Ⅱ　成年後見制度の利用促進に向けて総合的かつ計画的に講ずべき施策
　　１　成年後見制度等の見直しに向けた検討と総合的な権利擁護支援策の充実
　　　⑴　成年後見制度等の見直しに向けた検討
　　　⑵　総合的な権利擁護支援策の充実
　　２　尊厳のある本人らしい生活を継続するための成年後見制度の運用改善等
　　　⑴　本人の特性に応じた意思決定支援とその浸透
　　　⑵　適切な後見人等の選任・交代の推進等
　　　⑶　不正防止の徹底と利用しやすさの調和等
　　　⑷　各種手続における後見事務の円滑化等
　　３　権利擁護支援の地域連携ネットワークづくり
　　　⑴　権利擁護支援の地域連携ネットワークの基本的な考え方

　　　　　—尊厳のある本人らしい生活の継続と地域社会への参加—
　⑵　権利擁護支援の地域連携ネットワークの機能
　　　—個別支援と制度の運用・監督—
　⑶　権利擁護支援の地域連携ネットワークの機能を強化するための取組
　　　—中核機関のコーディネート機能の強化等を通じた連携・協力による地域づくり—
　⑷　包括的・多層的な支援体制の構築
　4　優先して取り組む事項
　⑴　任意後見制度の利用促進
　⑵　担い手の確保・育成等の推進
　⑶　市町村長申立ての適切な実施と成年後見制度利用支援事業の推進
　⑷　地方公共団体による行政計画等の策定
　⑸　都道府県の機能強化による権利擁護支援の地域連携ネットワークづくりの推進

⑺　後見制度支援信託

　後見制度支援信託とは、裁判所が成年後見制度を運用する中で取り入れた信託利用制度である。これは、民法改正に基礎づけられているものではないが、近年の成年後見実務において、成年後見人による業務横領などの不祥事防止のために導入されているものである。

　後見制度支援信託では、本人の財産のうち、日常的な支払をするのに必要十分な金銭に関しては、預貯金等として成年後見人が管理し、通常使用しない金銭に関しては、信託銀行等に信託する仕組みのことである。つまり、信託を利用して成年後見人が管理処分できないようにすることとなる。後見制

度支援信託は、成年後見と未成年後見において利用することができるとされている。また、保佐、補助及び任意後見では、本人が預貯金等を管理することができなくなるため、利用できないとされている。

　このように、後見制度支援信託は、判断能力が不十分な人の生活保障のために信託を設定するというより、本人の財産を適切に保護するための方法の一つとして考えられたものである。つまり、直接的には成年後見制度の本人の生活保障（被後見人の支援）のためではなく、後見人の不祥事防止のために後見人の手元から一定の財産を信託に切り離して、後見制度自体を支援する信託である。

　後見制度支援信託における信託財産は、元本が保証され、預金保険制度の保護対象にもなる。後見制度支援信託を利用すると、信託財産を払い戻したり、信託契約を解約したりするには、あらかじめ家庭裁判所が発行する指示書が必要とされている。

　後見制度支援信託を利用すれば、日常的に本人に必要な金銭は後見人が管理することとなるが、日常的な範囲を超える金銭・財産は後見人の管理する財産から信託によって独立・分別させることになる。

　確かに、このような制度を利用することで、後見人の財産管理を日常的な範囲に限定し、後見人の不正行為や横領行為を予防することができる。しかし、いったん設定した信託を解消するときには、家庭裁判所の指示書が必要になるため、被後見人本人にとっては、一定の硬直さをももたらすことになる。

　例えば、成年被後見人が相当高額の普通預金を有している場合、一定額以上の預金に信託を設定したとする。そうすると、その後に、成年被後見人がその普通預金を利用して、配偶者とともに世界旅行を楽しみたいと考えた場合であっても、家庭裁判所の指示書を得て信託を解消しようとすると、それだけで相当の期間を要してしまい、成年被後見人本人の健康状態に照らして、指示書を得たときにはすでに世界旅行ができない状態になっていたというこ

とも考えられないではない。

　本人の自己決定権の尊重と本人の財産の客観的な保護という相矛盾する要請に応えようとするのは困難なことではあるが、後見制度支援信託を運用する際には、柔軟で迅速な判断も求められることになると思われる。本人の財産の客観的な保護という視点を重視しすぎると、本人の財産をできる限り使用できない状態にしてしまうこととなり、本人の保護ではなく、本人の推定相続人の保護になりかねないことに注意が必要である。成年後見制度は、あくまでも本人のための制度であって、相続人のための成年後見制度であってはならない。

⑻　国連障害者権利委員会による総括所見

　2006（平成18）年12月に国連総会が障害者権利条約を採択し、日本では、2011（平成23）年8月に障害者基本法が改正され、2013（平成25）年6月に障害者差別解消法（正式名称は、「障害を理由とする差別の解消の推進に関する法律」）が制定され、これを受けて、同年12月に国会が障害者権利条約を批准した。障害者権利条約では、締約国からの報告を受けて国連の障害者の権利に関する委員会が検討することとしており、権利委員会は総括所見を作成して締約国に送付し、公表することとされている。

　そして、2022（令和4）年8月に2日間の権利委員会と日本政府代表団との「建設的対話」が行われ、総括所見という勧告がもたらされたのである。実は、この「建設的対話」において、津久井やまゆり園事件における優生思想に触れられ、旧優生保護法について、「政府として真摯に反省し、心から深くお詫びする気持ちにいささかも変わりはない」という官房長官発言が引用されていた。2024（令和6）年7月の旧優生保護法違憲判決については、日本政府自身が否定すらできない経緯となっていたものである。この経緯と総括所見については、長瀬修・川島聡・石川准編『障害者権利条約の初回対日審査・総括所見の分析』（法律文化社、2024年）を参照されたい。

　障害者権利条約の実施に対する総括所見では、その第12条で論じられている２項目「代替的意思決定制度の廃止を視野に入れた民法改正」と「支援付き意思決定制度の確立」は必須の課題であり、現状の民法における成年後見制度の行為能力制限はこのままでよいものではないこととなる。この点を検討するために、2024（令和６）年２月15日に法制審議会民法（成年後見等関係）部会が新設された。植物状態にある人の代替的意思決定の必要性がないとはいえないのであるから、総括所見の指摘も少し行き過ぎなのではないかと思われるが、今後、その法制審議会で前向きな議論が展開されることに期待したい。

　そもそも成年後見制度には二面性がある。判断能力が不十分な人は、成年後見審判開始審判をもって行為能力が制限され、その代わりに成年後見人が包括的な代理権を有して本人を法的に支援するのである。つまり、本人の能力制限という側面と本人の支援措置という側面の二面性があるのである。本人の能力制限は、民法総則編が定めており、成年後見人等は、本人のなした法律行為に対して同意権と取消権を有する（ただし、日常生活に関する行為には取消権は及ばない）。そして、本人の行為能力が制限されているのであるから、成年後見人は包括的代理権を活用して支援するのである。

　しかし、本人の行為能力を制限して取消権がどこまで介入すべきであるのか、また、成年後見人が包括的代理権を行使するときに代行決定に関するルールはなくてよいのかは大問題である。筆者は、できる限り本人とコミュニケーションを取って、いわゆる愚行権も尊重したうえで、支援者が本人とともに新たな自己決定を生み出して支援するという方式が最も本人の権利擁護に資するという立場である。したがって、基本的に支援付自己決定を尊重するのであり、どうしても代行決定しなければならない場合には、本人が自己決定するとしたらどのような決定をするだろうかという意思を推定し、推定された本人意思を尊重することが必要であると考えている。果たして法制審議会の結論はどのように形成されていくであろうか、期待を込めて結論を待

ちたい。

　筆者の主張する二面性は、次のような図で示せるかと思う。

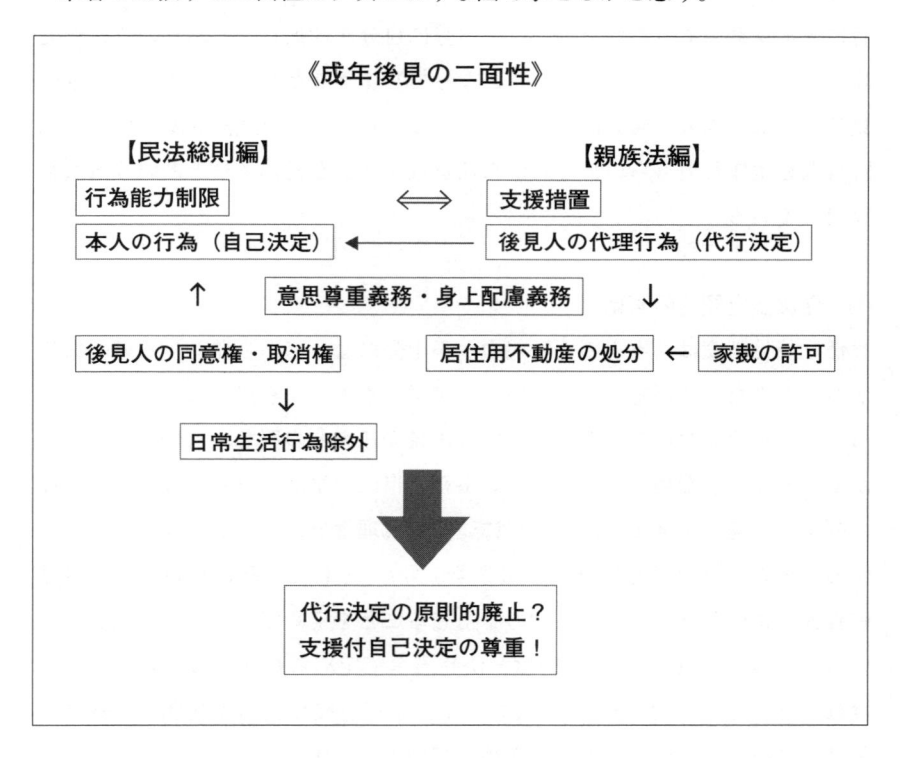

③　任意後見

　任意後見制度とは、自分の判断能力が不十分となったときに備えて、自分の選んだ任意後見受任者に支援をしてもらうことをあらかじめ決めておく制度で、1999（平成11）年に成立した任意後見契約法に基づくものである。任意後見制度は、裁判所が支援者を職権で決定する法定後見制度とは異なり、自分が事前に選んでおいた人に支援者となってもらう制度であるから、本人の自己決定権を最大限に活かすためには、最適な制度だということができる。

　しかし、注意しなければならないのは、自分が事前に選んだ人に支援して
もらう段階では、自分の判断能力が不十分になっているのであるから、第三
者にチェックしてもらわなければ、本当に自分が選択したとおりのことが実
現できているのかわからないこととなってしまうことである。そこで任意後
見制度では、本人の判断能力が不十分になった場合、家庭裁判所に任意後見
監督人を選任してもらい、それから任意後見契約を発効させるという方法を
採用している。

(1)　任意後見契約の締結

　任意後見制度は、本人の判断能力が不十分になってから発効するのである
から、慎重な手続が定められている。まず、本人が任意後見人となってくれ
る人（任意後見受任者）を選び、任意後見受任者との間で、自分の判断能力
が不十分となった場合に委託したい事務（自己の生活、療養看護、財産管理
に関する事務の全部または一部）について代理権を付与する委任契約を締結
することとなる（任意後見契約法2条1号）。そして、その契約は任意後見
監督人が選任されたときから効力を生じることを定めておかなければならな
い（同号）。さらに、この契約は、法務省令で定める様式の公正証書でしな
ければならない（同3条）。つまり、本人が任意後見人の候補者と一緒に公
証役場に出向き、公正証書で任意後見契約書を作成することとなる。

(2)　任意後見監督人選任の申立て

　本人が、精神上の障害により事理を弁識する能力が不十分な状況にあると
きは、家庭裁判所は、本人、配偶者、四親等内の親族または任意後見受任者
の請求により、任意後見監督人を選任する（任意後見契約法4条1項）。任
意後見制度は、本人の自己決定を尊重する制度であるから、本人以外の者が
任意後見監督人の選任を請求する場合には、あらかじめ本人の同意がなけれ
ばならない（同条3項）。なお、任意後見契約書を作成した場合、公証人が

登記所に嘱託して、任意後見契約の登記がされる仕組みとなっている（後見登記等に関する法律5条）。

(3) 任意後見人等の職務

任意後見人は、任意後見契約に従って本人にとっての必要な事務を遂行しなければならない。任意後見契約は、委任契約の一種であるため、任意後見人は、当然に受任者としての善管注意義務（民法644条）を負うこととなる。そして、その善管注意義務を敷衍して、成年後見人等と同様な身上配慮義務を負うべきとする考え方から、任意後見契約法6条は、任意後見人は、任意後見人の事務を行うに当たっては、本人の意思を尊重し、かつ、その心身の状態及び生活の状況に配慮しなければならないと定めている。

任意後見監督人の職務は、任意後見人の事務を監督し（任意後見契約法7条1項1号）、任意後見人の事務に関して家庭裁判所に定期的に報告し（同項2号）、急迫の事情がある場合には任意後見人の代理権の範囲内において必要な処分をなし（同項3号）、任意後見人またはその代表する者と本人との利益が相反する行為について本人を代表することである（同項4号）。

任意後見監督人は、いつでも、任意後見人に対して任意後見人の事務の報告を求め、または任意後見人の事務もしくは本人の財産の状況を調査することができる（同条2項）。家庭裁判所は、必要があると認めるときは、任意後見監督人に対し、任意後見人の事務に関する報告を求め、任意後見人の事務もしくは本人の財産の状況の調査を命じ、その他任意後見監督人の職務について必要な処分を命ずることができる（同条3項）。

家庭裁判所は、任意後見人及び本人の資力その他の事情によって、本人の財産の中から、審判により相当な報酬を任意後見監督人に付与することができる（任意後見契約法7条4項による民法862条の準用）。任意後見監督人の費用についても、本人の財産の中から支弁する（任意後見契約法7条4項による民法861条2項の準用）。

⑷　**任意後見の終了**

　任意後見契約は、法定後見制度と異なり、契約の解除によって終了する。任意後見契約法では、解除に関する特則を設けている。まず、任意後見監督人が選任される前においては、本人または任意後見受任者は、いつでも、公証人の認証を受けた書面によって、任意後見契約を解除できる（任意後見契約法9条1項）。次に、任意後見監督人が選任された後においては、本人または任意後見人は、正当な事由がある場合に限り、家庭裁判所の許可を得て、任意後見契約を解除することができる（同条2項）。

　任意後見人に不正な行為、著しい不行跡その他その任務に適しない事由があるときは、家庭裁判所は、任意後見監督人、本人、その親族または検察官の請求により、任意後見人を解任することができる（任意後見契約法8条）。また、任意後見監督人が選任された後において本人が後見開始の審判等を受けたときは、任意後見契約は終了するものとされている（任意後見契約法10条3項）。これは、任意後見人と法定後見人の権限の重複・抵触を防止するための措置であるとされている。

第6章
法定相続

① 相続法改正の全体像

　法定相続は、相続人が確定すれば、法定相続分が自動的に決まることとなり、また、相続財産について帰属に関する争いがあれば、遺産範囲確認の訴え（固有必要的共同訴訟）によって確定することとなり、以上によって相続人と相続財産が確定すれば、相続を承認（単純承認または限定承認）するか相続を放棄するかを選択し、相続を承認した場合には、遺産分割によって相続財産を分けることとなるが、相続人が不存在であったときには、相続人不存在手続を進めていくこととなる。

　遺言があるときには、遺言が有効要件を備えているかを確かめ、遺言の検認手続が必要な場合には、証拠保全手続である検認手続を経て、遺言の内容を解釈によって確定し、執行が必要な遺言については遺言執行が行われることとなる。そして、遺言が相続人の遺留分を侵害しているときには、遺留分権者から遺留分侵害額請求が行われることとなる。

　以上の相続法のプロセスについて、段階的に論じると、まず法定相続については、①相続人と相続分の確定、②相続財産の確定、③相続の選択、④遺産分割手続、⑤相続人不存在手続の５段階で考えることができる。

　以上の法定相続の段階について図示すると、**[図14]** のようになる。

[図14]

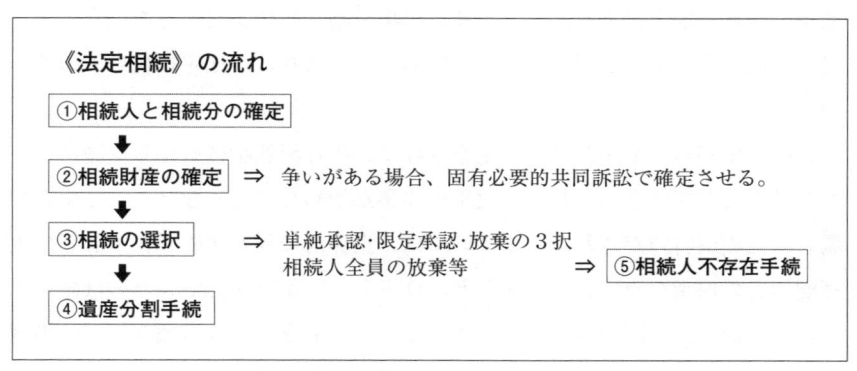

　次に遺言については、①遺言の有効要件の確認、②遺言の検認、③遺言の解釈、④遺言の執行、⑤遺留分権の行使の5段階で考えることができる。

　以上の法定相続の段階について図示すると、**[図15]**のようになる。

[図15]

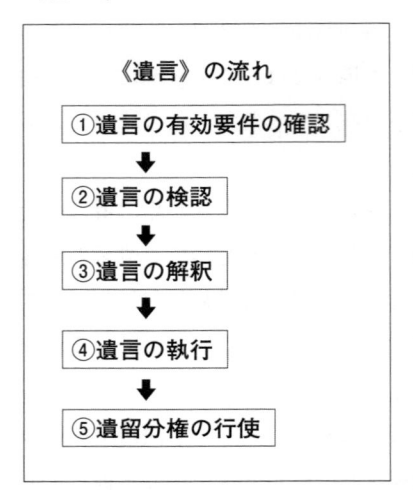

　この30年間の相続法改正について、上記の段階ごとに考えてみると、まず、1999（平成11）年の相続法改正では、公正証書遺言の方式について、聴覚障害者や言語機能障害者の遺言作成に関して、遺言の内容確認についての「口授」「読み聞かせ」の必須要件を「通訳人の通訳」「筆談」を可能とする改正が行われた。遺言の①の段階の改正である。もっとも、この改正点については、2023（令和5）年の公正証書遺言のデジタル化に関する改正において、それらの遺言の内容確認に関する民法の条項が公証人法に移された。

　次に、2013（平成25）年の相続法改正は、嫡出でない子の相続分の不平等条項につき、最大決平成25年9月4日民集67巻6号1320頁の違憲決定によって、当該不平等条項を削除する改正であった。これは、法定相続の①の段階の改正である。

　この平成25年の最高裁違憲決定を受けて、生存配偶者に対する保護についての見直しが要求され、相続法改正の作業が始められた。なぜここで生存配偶者の保護が言いだされたかについては、世界的に長寿化の影響のもとで生存配偶者の保護を充実させるべきというトレンドが存在していたのは確かである。しかし、上記の動きは、世界的なトレンドを表向きの顔として、裏側

の顔では嫡出でない子の相続分の不平等の違憲決定の敗者復活戦としての様相を呈していた。なぜかというと、例えば、現在の合計特殊出生率を考えて、法律婚で1名の子が出生し、婚姻外で1名の子が出生したとすると、法定相続分は、法律婚の配偶者が2分の1であり、違憲決定前の嫡出子は2分の1×3分の2で3分の1となり、父が認知した嫡出でない子は6分の1であったところ、違憲決定に基づく民法改正によって、嫡出子も嫡出でない子も各4分の1となったのである。

　そこで、生存配偶者の保護と称して配偶者の法定相続分を3分の2に引き上げると、嫡出子の法定相続分も嫡出でない子の法定相続分も各6分の1となる。そして、生存配偶者の相続財産は、将来的には、嫡出子に帰属することになるのであるから、配偶者の法定相続分を3分の2に引き上げることは、嫡出でない子の法定相続分を自動的に6分の1に引き下げたのと同じこととなる。

　以上の計算を図示すると、【図16】のようになる。

[図16]

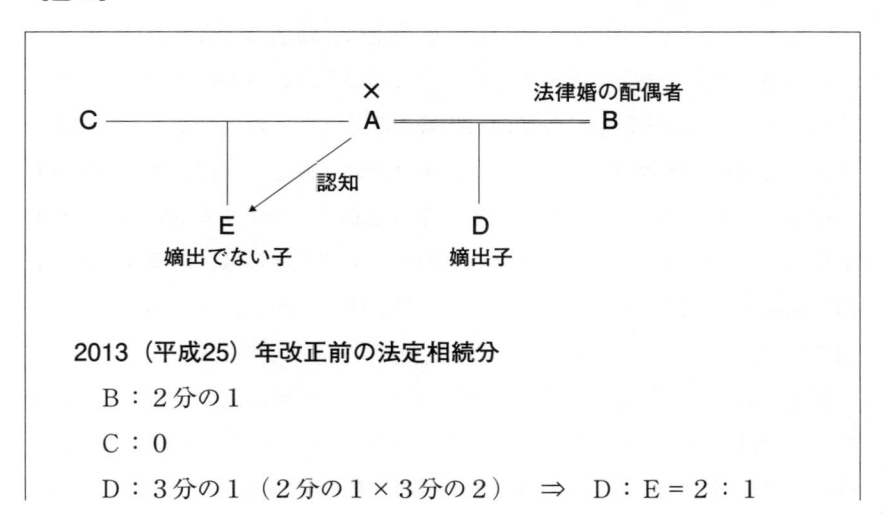

2013（平成25）年改正前の法定相続分
　　B：2分の1
　　C：0
　　D：3分の1（2分の1×3分の2）　⇒　D：E＝2：1

> **2013（平成25）年改正後の法定相続分**
>
> 　B：2分の1
>
> 　C：0
>
> 　D、E：各4分の1
>
> **生存配偶者の法定相続分を3分の2に引き上げた場合**
>
> 　B：3分の2
>
> 　C：0
>
> 　D、E：各6分の1。ただし、Bが死亡した場合、Bの相続財産は
> 　　　　Dがすべて相続する。

　以上のように、2018（平成30）年の相続法改正の議論は、実に巧妙な敗者復活戦として始められたのである。この巧妙なロジックは、某検察官の定年を延長しようとした企てとどこか似ている。したがって、2018（平成30）年の相続法改正の議論は、生存配偶者の保護にフォーカスされていた。その内容については、拙著『新しい相続法制の行方』（金融財政事情研究会、2015年）を参照されたい。

　もっとも、2018（平成30）年の相続法改正は、法制審議会部会において、立案当局がフォーカスする論点を現実的に必要とされるものに切り替えていったため、非常に広汎かつ包括的な相続法改正となったのである。具体的には、①配偶者居住権の保護方策、②遺産分割の見直し、③遺言制度の見直し、④遺留分制度の見直し、⑤相続の効力等の見直し、⑥相続人以外の者の貢献を考慮するための方策の明文化という内容である（詳細は、堂薗幹一郎・野口宣大編著『一問一答・新しい相続法（第2版）』（商事法務、2020年）を参照されたい。）。

　配偶者居住権の保護は、法定相続における②の相続財産の問題であり、かつ、④の遺産分割手続の問題でもある。2018（平成30）年の相続法改正における生存配偶者の保護としては、配偶者居住権の保護だけでなく、20年以上

婚姻関係にある配偶者に対して、居住用不動産を贈与等した場合に、特別受益の持戻し免除の意思表示があったものと推定する規定も新設している（民法903条4項）。

　遺産分割の見直しは、②の相続財産の問題（預貯金）と④の遺産分割における一部分割の明文化と分割前財産処分の場合の規律の段階の問題である。

　遺言制度の見直しは、主として、遺言における①遺言の有効要件の問題と④の遺言執行の問題であるが、遺言の効力の問題として、遺贈の担保責任に関して、債権法改正と同様の規律にする改正も行われている（民法998条。民法551条1項における贈与の担保責任と対比して参照）。

　遺留分制度の見直しは、⑤の遺留分権の行使の問題そのものである。

　相続の効力等の見直しは、法定相続における相続財産に関する相続と登記の問題や相続債権の行使の問題、遺言における④遺言執行の妨害行為の効力の問題などである。特別寄与料制度の新設は、法定相続における④遺産分割手続の寄与分制度からはみ出した問題である。

　以下では、それぞれの問題に分けて、2018（平成30）年の相続法改正の内容の変遷と解釈について説明していくこととする。なお、2021（令和3）年の所有者不明土地問題に端を発する民法改正では、相続財産である土地の管理が問題となったのであり、遺産分割の期間の短縮、相続財産管理制度、相続人不存在手続等に関する改正が行われたため、これは法定相続のところで説明することとし、2023（令和5）年の公証人法の改正による公正証書遺言のデジタル化についても、遺言の有効要件のところで変遷に関して説明することとする。

② 相続人と相続分

⑴　平成25年9月4日の最高裁違憲決定

　まず、2018（平成30）年の相続法改正の引き金となった最高裁違憲決定

（最大決平成25年9月4日民集67巻6号1320頁）から見ておくこととする。
もともと、嫡出でない子の相続分の不平等規定については、平成8年民法改
正案要綱で「嫡出でない子の相続分は、嫡出である子の相続分と同等とする
ものとする。」（第10項）とされていたところであるが、平成8年民法改正案
要綱が国会に上程されないままになっていたところ、最高裁決定が決着をつ
ける形となった。

　その事案は、平成13年7月にAが死亡したところ、Aの相続人は、Aの妻
BとABの間の子X1、X2、同じくABの子であるC（平成12年1月に死
亡）の代襲相続人であるX3、X4、AとDとの婚姻外の子であるY1、Y
2がいた。その後、平成16年11月にBも死亡し、その権利義務をX1～X4
らが相続した。X1～X4らは、Y1、Y2に対して遺産分割審判の申立て
を行ったが、嫡出でないY1、Y2は、嫡出でない子の相続分は嫡出子の2
分の1の割合であるとする改正前民法900条4号ただし書前段が憲法14条1
項の平等原則に反して違憲無効だと主張した。第1審、原審とも最大決平成
7年7月5日民集49巻7号1789頁の同規定を合憲とする判断を引用して、Y
1とY2の主張を斥けたため、Y1とY2は特別抗告をしたというものであ
る。

　以上の関係を図示すると、【図17】のようになる。

[図17]

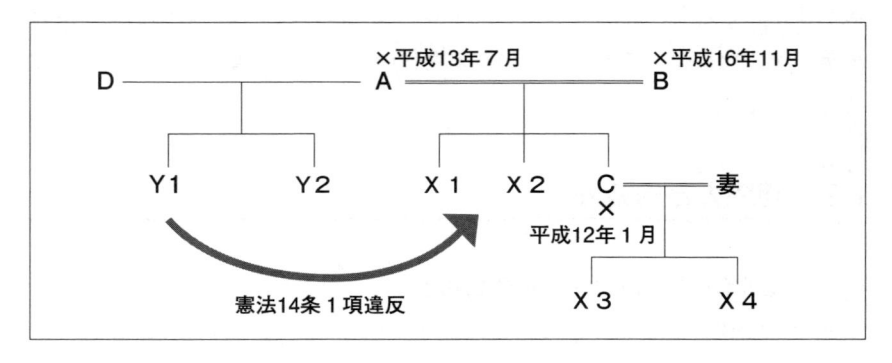

　この事案につき、最高裁は、判例を変更して、改正前民法900条4号ただし書前段の規定は憲法14条1項に違反して無効でありこれを適用することはできないとする判断を下した。もともと非常に長い判決文ではあるが、非常に重要な判断であるため、重要部分をピックアップしておくこととする。少し長い引用となってしまうが、具体的には、次のとおりである。

　まず、一般論として、「相続制度は、被相続人の財産を誰に、どのように承継させるかを定めるものであるが、相続制度を定めるに当たっては、それぞれの国の伝統、社会事情、国民感情なども考慮されなければならない。さらに、現在の相続制度は、家族というものをどのように考えるかということと密接に関係しているのであって、その国における婚姻ないし親子関係に対する規律、国民の意識等を離れてこれを定めることはできない。これらを総合的に考慮した上で、相続制度をどのように定めるかは、立法府の合理的な裁量判断に委ねられているものというべきである。この事件で問われているのは、このようにして定められた相続制度全体のうち、本件規定により嫡出子と嫡出でない子との間で生ずる法定相続分に関する区別が、合理的理由のない差別的取扱いに当たるか否かということであり、立法府に与えられた上記のような裁量権を考慮しても、そのような区別をすることに合理的な根拠が認められない場合には、当該区別は、憲法14条1項に違反するものと解するのが相当である」とした。

　そして次に、「昭和22年民法改正以降、我が国においては、社会、経済状況の変動に伴い、婚姻や家族の実態が変化し、その在り方に対する国民の意識の変化も指摘されている。すなわち、地域や職業の種類によって差異のあるところであるが、要約すれば、戦後の経済の急速な発展の中で、職業生活を支える最小単位として、夫婦と一定年齢までの子どもを中心とする形態の家族が増加するとともに、高齢化の進展に伴って生存配偶者の生活の保障の必要性が高まり、子孫の生活手段としての意義が大きかった相続財産の持つ意味にも大きな変化が生じた。昭和55年法律第51号による民法の一部改正に

より配偶者の法定相続分が引上げられるなどしたのは、このような変化を受けたものである。さらに、昭和50年代前半頃までは減少傾向にあった嫡出でない子の出生数は、その後現在に至るまで増加傾向が続いているほか、平成期に入った後においては、いわゆる晩婚化、非婚化、少子化が進み、これに伴って中高年の未婚の子どもがその親と同居する世帯や単独世帯が増加しているとともに、離婚件数、特に未成年の子を持つ夫婦の離婚件数及び再婚件数も増加するなどしている。これらのことから、婚姻、家族の形態が著しく多様化しており、これに伴い、婚姻、家族の在り方に対する国民の意識の多様化が大きく進んでいることが指摘されている」として、立法を支える社会的状況が変化していることを述べる。

　そのうえで、法律婚制度に対する社会認識も変化していることにつき、「諸外国、特に欧米諸国においては、かつては、宗教上の理由から嫡出でない子に対する差別の意識が強く、昭和22年民法改正当時は、多くの国が嫡出でない子の相続分を制限する傾向にあり、そのことが本件規定の立法に影響を与えたところである。しかし、1960年代後半（昭和40年代前半）以降、これらの国の多くで、子の権利の保護の観点から嫡出子と嫡出でない子との平等化が進み、相続に関する差別を廃止する立法がされ、平成7年大法廷決定時点でこの差別が残されていた主要国のうち、ドイツにおいては1998年（平成10年）の『非嫡出子の相続法上の平等化に関する法律』により、フランスにおいては2001年（平成13年）の『生存配偶者及び姦生子の権利並びに相続法の諸規定の現代化に関する法律』により、嫡出子と嫡出でない子の相続分に関する差別がそれぞれ撤廃されるに至っている。現在、我が国以外で嫡出子と嫡出でない子の相続分に差異を設けている国は、欧米諸国にはなく、世界的にも限られた状況にある」と説明している。

　日本でも、国際人権規約や子どもの権利条約を批准していること、嫡出子と嫡出でない子の区別に関わる法制等の変化、それに平成8年民法改正案要綱の内容も指摘しており、「本件規定の合理性に関連する以上のような種々

の事柄の変遷等は、その中のいずれか一つを捉えて、本件規定による法定相続分の区別を不合理とすべき決定的な理由とし得るものではない。しかし、昭和22年民法改正時から現在に至るまでの間の社会の動向、我が国における家族形態の多様化やこれに伴う国民の意識の変化、諸外国の立法のすう勢及び我が国が批准した条約の内容とこれに基づき設置された委員会からの指摘、嫡出子と嫡出でない子の区別に関わる法制等の変化、更にはこれまでの当審判例における度重なる問題の指摘等を総合的に考察すれば、家族という共同体の中における個人の尊重がより明確に認識されてきたことは明らかであるといえる。そして、法律婚という制度自体は我が国に定着しているとしても、上記のような認識の変化に伴い、上記制度の下で父母が婚姻関係になかったという、子にとっては自ら選択ないし修正する余地のない事柄を理由としてその子に不利益を及ぼすことは許されず、子を個人として尊重し、その権利を保障すべきであるという考えが確立されてきているものということができる」との判断を示した。

　そして、「遅くともＡの相続が開始した平成13年７月当時においては、立法府の裁量権を考慮しても、嫡出子と嫡出でない子の法定相続分を区別する合理的な根拠は失われていたというべきである。したがって、本件規定は、遅くとも平成13年７月当時において、憲法14条１項に違反していたものというべきである」とした。

(2) 最高裁違憲決定後の対応措置

　この最高裁違憲決定を受けて、改正前民法900条４号ただし書前段の規定は、2013（平成25）年12月５日成立の「民法の一部を改正する法律」に基づいて削除されることとなり、この改正は、同月11日施行された。参考までに、改正前後の条文を掲げておくこととする。

《改正前の条文》

第900条　同順位の相続人が数人あるときは、その相続分は、次の各号の定めるところによる。

一ないし三（略）

四　子、直系尊属又は兄弟姉妹が数人あるときは、各自の相続分は、相等しいものとする。ただし、<u>嫡出でない子の相続分は、嫡出である子の相続分の2分の1とし、</u>父母の一方のみを同じくする兄弟姉妹の相続分は、父母の双方を同じくする兄弟姉妹の相続分の2分の1とする。

⇩

《改正後の条文》

第900条　同順位の相続人が数人あるときは、その相続分は、次の各号の定めるところによる。

一ないし三（略）

四　子、直系尊属又は兄弟姉妹が数人あるときは、各自の相続分は、相等しいものとする。ただし、父母の一方のみを同じくする兄弟姉妹の相続分は、父母の双方を同じくする兄弟姉妹の相続分の2分の1とする。

　以上のように、嫡出子と嫡出でない子の相続分の不平等条項は削除されたが、もともと民法900条4号後段にあった父母の一方のみを同じくする兄弟姉妹の相続分は、父母の双方を同じくする兄弟姉妹の相続分の2分の1とするという条項は残ったままである。これは、兄弟姉妹が相続人となる場合の規定であり、父母を同じくする場合には、兄弟姉妹は通常は同居して一緒に生活するが、父母の一方のみを同じくするにすぎない場合には、兄弟姉妹とはいえ同居して一緒に生活するとは限らないことから、関係性の強弱を相続

分に反映させたものと考えれる。この関係を図示すると、**[図18]** のように
になる。

[図18]

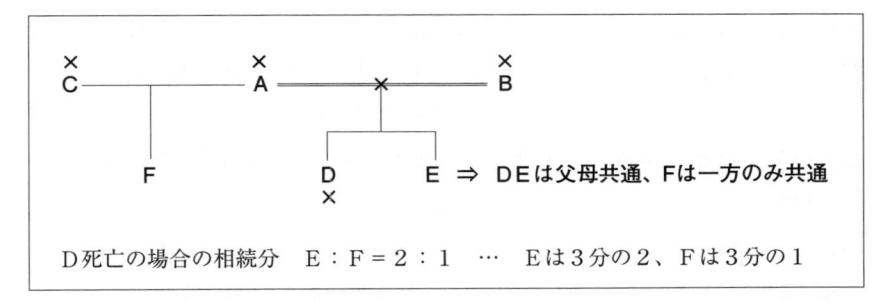

D死亡の場合の相続分　E：F＝2：1　…　Eは3分の2、Fは3分の1

　以上のような法定相続分となるが、この条文に関しては、違憲無効の問題
はないと考えてよいだろうか。離婚後の生活形態も非常に多様化してきてお
り、前婚において出生した子どもたちと再婚後に出生した子どもたちと一緒
に生活することも多くなってきているのではないかと思われる。まだ平等化
を考える段階には至っていないのかもしれないが、将来的には、現在残され
ている民法900条4号ただし書も削除になるときが来るかもしれない。

(3)　相続欠格：遺言書の破棄・隠匿

　1997（平成9）年に相続欠格に関する重要な最高裁判決が出ている（最判
平成9年1月28日民集51巻1号184頁）。その事案は、次のようなものである。
Aは、甲土地を所有していたが、甲土地を売却してその売却代金で長男Y1
が代表取締役を務めるB社の債務の弁済に充てることとし、1985（昭和60）
年2月か3月頃、「甲土地の売却代金をB社に寄付するから、Y1は同社の
債務の弁済に充てること、また他の兄弟もこれを承諾すること」という趣旨
の自筆証書遺言を作成し、これをY1に預けていた。同年5月には甲土地の
売買契約書がY2会社との間で作成され、売買代金がAに支払われたが、甲

土地の所有権移転登記は未了であった。同年８月10日にＡが死亡し、相続人は、長男Ｙ１、長女Ｙ３、三男Ｙ４、四女Ｙ５及び二男Ｘ１、四男Ｘ２の６名であった。Ｙ１は、預かった遺言書が所在不明になっていたところから、Ｙ１は他の共同相続人に当該遺言書を示すことができず、相続人６名は、同年10月26日に「Ｙ２会社に対して甲土地に関する所有権移転登記義務を履行するため、甲土地をＹ１が相続する」という内容の遺産分割協議を成立させ、また、1986（昭和61）年６月17日に「Ａの遺産に属するその他の土地および財産をＹ１が相続する。Ｙ１は、Ｘ１およびＸ２にそれぞれ3,500万円を、Ｙ５に300万円を支払う。Ｙ３およびＹ４は、一切相続しない」という内容の遺産分割協議を成立させた。しかし、その後、Ｘ１らは、Ｙ１が遺言書を破棄・隠匿したとして、Ｙ１の相続権不存在確認および遺産分割協議の無効確認を求めて提訴したというものである。

　以上の事実関係を図示すると、**[図19]** にようになる。

[図19]

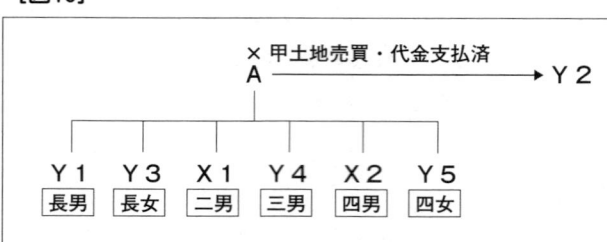

昭和60年２〜３月：Ａ、自筆証書遺言作成

　　　　５月：Ａ、甲土地をＹ２に売却、Ｙ２代金支払

　　　　８月10日：Ａ死亡

　　　　10月26日：Ｙ２移転登記のため甲土地はＹ１が相続する旨の分割協議

昭和61年６月17日：その他の土地・財産をＹ１が相続し、Ｘ１Ｘ２に各3,500万円

　　　　　　　　　Ｙ５に300万円を支払、Ｙ３Ｙ４は相続しない旨の分割協議

その後、Ｘ１Ｘ２は、Ｙ１相続権不存在確認・遺産分割協議無効確認を求めて提訴

　以上の事案につき、最高裁は、「相続人が相続に関する被相続人の遺言書を破棄又は隠匿した場合において、相続人の右行為が相続に関して不当な利益を目的とするものでなかったときは、右相続人は、民法891条5号所定の相続欠格者には当たらないものと解するのが相当である。けだし、同条5号の趣旨は遺言に関し著しく不当な干渉行為をした相続人に対して相続人となる資格を失わせるという民事上の制裁を課そうとするところにあるが（最高裁昭和55年（オ）第596号同56年4月3日第二小法廷判決・民集35巻3号431頁参照）、遺言書の破棄又は隠匿行為が相続に関して不当な利益を目的とするものでなかったときは、これを遺言に関する著しく不当な干渉行為ということはできず、このような行為をした者に相続人となる資格を失わせるという厳しい制裁を課することは、同条5号の趣旨に沿わないからである」と述べて、Ｘ1からの請求を棄却した。民法891条5号の遺言書の破棄・隠匿に該当するというためには、いわゆる「二重の故意」が必要であるとしたのである。二重の故意とは、遺言書を破棄・隠匿する故意と不当な利益を目的とする故意を要するということである。

③ 相続財産

(1) 配偶者居住権

　2018（平成30）年の相続法改正では、生存配偶者の保護施策として、配偶者居住権制度を創設した。配偶者居住権制度とは、居住用建物が相続財産となった場合、残された生存配偶者に居住権が保障されなければ、相続人間で相続紛争となったとき、生存配偶者が居住用建物から転居しなければならなくなることもありうるため、生存配偶者に居住用建物の居住権を保障する制度である。短期的保護方策と長期的保護方策とが制定された。

① 配偶者短期居住権制度

　短期的保護方策は、配偶者短期居住権制度であり、相続人である子らの間

での相続建物の居住権保護に関する最高裁判例（最判平成8年12月17日民集50巻10号2778頁）の考え方（遺産分割終了時まで同居していた子らに使用借権が設定されたものと擬制するもの）について、配偶者居住権保護の観点から生存配偶者のために応用して明文化したものである。

　つまり、配偶者が死亡した場合、遺産である居住用建物につき、生存配偶者は法定相続分が2分の1であるため、直ちに他の相続人から明渡しの請求を受けることはない。しかし、法定相続分を超える持分については使用相当損害金を負担しなければならない（2021（令和3）年改正でその旨が民法249条2項に明文化された。）。したがって、配偶者が被相続人の財産に属した建物に相続開始時に無償で居住していた場合には、遺産分割による帰属確定日までまたは相続開始時から6か月を経過する日までのいずれか遅い日かそれ以外に居住建物取得者がした配偶者短期居住権の消滅請求申入れの日から6か月を経過する日まで（つまり、最低でも6か月間）は、生存配偶者が居住不動産を無償で使用する権利を認めることとしたものである（民法1037条）。

　配偶者短期居住権を有する配偶者は、従前の用法に従い、善良な管理者の注意をもって、居住建物を使用しなければならず（民法1038条1項）、居住建物取得者の承諾を得なければ、第三者に居住建物の使用をさせることができず（同条2項）、配偶者がそれらの規定に違反したときは、居住建物取得者は、当該配偶者に対する意思表示によって配偶者短期居住権を消滅させることができる（同条3項）。また、配偶者が次に述べる長期の配偶者居住権を取得したときは、配偶者短期居住権は消滅する（民法1039条）。配偶者は、長期の配偶者居住権を取得した場合を除いて、配偶者居住権が消滅したときは、居住建物を返還しなければならない（民法1040条）。この配偶者短期居住権は、使用貸借類似の使用権であるため、使用貸借の規定が準用されている（民法1041条）。

　なお、最高裁判例（最判平成8年12月17日民集50巻10号2778頁）は、親子

関係での問題であるため、配偶者短期居住権制度の導入後も先例として生き
続けることとなる。したがって、同判例も説明しておく。この判例の事案を
図示すると **【図20】** のようになる。

[図20]

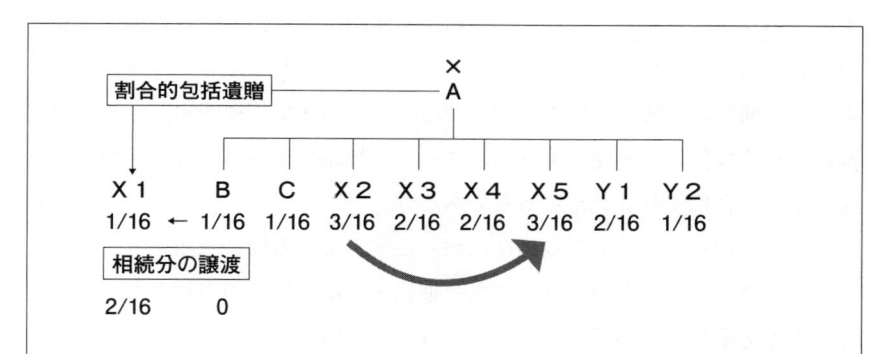

```
                                    X
        割合的包括遺贈 ──────────    A

  X1      B     C    X2    X3    X4    X5    Y1    Y2
 1/16  ← 1/16  1/16  3/16  2/16  2/16  3/16  2/16  1/16
    相続分の譲渡
  2/16     0
```

昭和62年５月：A、公正証書遺言を作成
  • 相続分指定：B・C・Y２各１/16、X３・X４・Y１各２/16、
    X２・X５各３/16
  • X１に割合的包括遺贈１/16
昭和63年９月：A死亡。Aの相続財産は本件土地建物（二輪車修理販売業を営む）
    Y１・Y２はAと同居し、家業の二輪車修理販売業を営む
    その後、BはX１に相続分の譲渡
平成２年10月：遺産分割協議は不調
    X２らは、Y１らに対し、賃料相当額の支払請求

　以上の事案につき、最高裁は、次のように判示して、Xらの請求には理由
はないものとした。

　「共同相続人の一人が相続開始前から被相続人の許諾を得て遺産である建
物において被相続人と同居してきたときは、特段の事情のない限り、被相続
人と右同居の相続人との間において、被相続人が死亡し相続が開始した後も、

遺産分割により右建物の所有関係が最終的に確定するまでの間は、引き続き右同居の相続人にこれを無償で使用させる旨の合意があったものと推認されるのであって、被相続人が死亡した場合は、この時から少なくとも遺産分割終了までの間は、被相続人の地位を承継した他の相続人等が貸主となり、右同居の相続人を借主とする右建物の使用貸借契約関係が存続することになるものというべきである。けだし、建物が右同居の相続人の居住の場であり、同人の居住が被相続人の許諾に基づくものであったことからすると、遺産分割までは同居の相続人に建物全部の使用権原を与えて相続開始前と同一の態様における無償による使用を認めることが、被相続人及び同居の相続人の通常の意思に合致するといえるからである。」

　つまり、相続人の一人が被相続人が死亡するまでの間、被相続人と同居していた場合、両当事者の合理的意思を推認すれば、特段の事情がない限り、死亡後も遺産分割が終了するまでの間は、使用借権が設定されているものと擬制するのが妥当なのであって、他の共同相続人は賃料相当額の使用相当損害金を請求することはできないということとなる。

②　配偶者居住権制度

　長期的保護方策は、配偶者居住権制度であり、被相続人の財産に属した建物に相続開始時に居住していた配偶者は、遺産分割等によって生存配偶者に対して、居住していた建物の全部について無償で使用および収益をする権利（配偶者居住権）を取得するとしたものである。配偶者居住権の存続期間は、原則として終身間であり（民法1030条）、配偶者が居住建物取得者に対抗できるように、居住建物の所有者は配偶者居住権の登記義務を負う（民法1031条）。

　配偶者居住権は、賃貸借類似の使用権であり、配偶者短期居住権とは異なって、従前の用法に従い、善良な管理者の注意をもって、居住建物の収益をすることができる（民法1032条1項）。配偶者居住権は譲渡することはできない（同条2項）。配偶者が居住建物を増改築したり第三者に使用収益させ

たりするには、居住建物の所有者の承諾を得なければならない（同条3項）。配偶者が注意義務に反したり、承諾なく第三者に使用収益させたときには、居住建物の所有者は、相当の期間を定めて是正を催告をし、是正されないときには、配偶者居住権を消滅させることができる（同条4項）。配偶者は、居住建物の使用収益に必要な修繕をすることができ（民法1033条）、配偶者は通常の必要費を負担する（民法1034条）。配偶者は、配偶者居住権が消滅したときは、居住建物を返還しなければならない（民法1035条）。配偶者居住権は、賃貸借類似の使用権であるが、取得後は無償の使用権となるため、使用貸借の規定と賃貸借の規定が準用されている（民法1036条）。

　配偶者居住権は譲渡できないものとされているが、いったん配偶者居住権を取得しながら、当該配偶者が途中で介護付きの有料老人ホームなどに転居せざるをえなくなった場合にどうなるかが問題となる。相続法改正要綱案までの議論では、配偶者居住権を譲渡できることとされていたが、同要綱案では、投下資本の回収は建物所有者に買い取ってもらうか所有者の承諾を得て第三者に賃貸することでまかなうべきであるとされ、配偶者居住権の譲渡性が否定されたものである。

(2)　不動産の取扱い

①　法定相続分と登記

　不動産の相続に関しては、相続と登記の関係が民法上の論点とされてきた。相続が開始すると、不動産については、相続人が数人あるときは、その共有に属することになる（民法898条）。そして、各共同相続人は、その相続分に応じて被相続人の権利義務を承継することになる（民法899条）。

　なお、相続による物権変動にも民法177条が適用される（大連判明治41年12月15日民録14輯1301頁による無制限説）。ただし、登記を要する第三者とは、登記の欠缺を主張する正当な利益を有する者に限定される（大連判明治41年12月15日民録14輯1276頁による制限説）。したがって、無権利者は、登

記の欠缺を主張する正当な利益はないものとして、登記を要する第三者には該当しないとされている。

　共同相続と登記の関係については、判例は「無権利の法理」を採用している。ある共同相続人が自己の法定相続分を超えて土地を譲渡処分した場合、法定相続分を超える部分については無権利での処分なのであるから、他の共同相続人は登記なくして自己の相続持分を主張できるとされているのである（最判昭和38年 2 月22日民集17巻 1 号235頁）。

　この点については、2018（平成30）年の相続法改正によって、民法899条の 2 第 1 項の規律がもうけられた。民法899条の 2 第 1 項は、「相続による権利の承継は、遺産の分割によるものかどうかにかかわらず、次条及び第901条の規定により算定した相続分（筆者注：法定相続分）を超える部分については、登記、登録その他の対抗要件を備えなければ、第三者に対抗することができない。」という規律である。

　この条文を反対解釈すれば、法定相続分を超えない部分については、登記・登録その他の対抗要件を備えなくても、第三者に対抗することができるとことになる。したがって、前述した判例は、民法899条の 2 第 1 項に明文化されたこととなる。

　登記実務に関しては、共同相続人の一人は、単独で法定相続分を相続登記することもできるし、法定相続分を登記することなく、直接に遺産分割した結果で相続登記することもできる。また、共同相続人の一人は、共有物に関する保存行為を単独でなすことができ（民法252条 5 項）、共同相続人全員のために単独で相続登記を申請することができるが、自分の相続分だけの相続登記を申請することはできないものとされている（昭和30年10月15日民事甲2216号民事局長回答）。

　2021（令和 3 ）年の不動産登記法の改正によって、所有者不明土地問題発生の予防のために、相続登記等の申請が義務づけられ（不動産登記法76条の 2 ）、申請義務に違反した場合、10万円以下の過料の制裁に処するものとさ

れるに至った（同法164条）。

　この関係を図示すると、**【図21】**のようになる。

［図21］

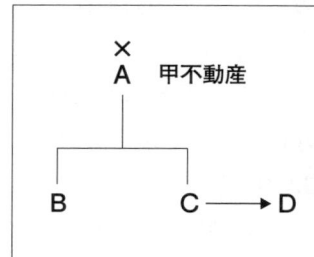

Cが遺産分割協議書を偽造して遺産である甲不動産を自己名義に登記してDに売却しても、無権利の法理によって、Bは自己の法定相続分を登記なくしてDに対抗できる。

②　指定相続分と登記

　従来の最高裁判決には、指定相続分についても、法定相続分と同様に登記なくして対抗できるとするものがあった（最判平成5年7月19日家月46巻5号23頁）。また、いわゆる「相続させる」旨の遺言に相続分の指定の意味が含まれている事案においても、やはり登記なくして対抗できるとするものがあった（最判平成14年6月10日家月55巻1号77頁）。

　しかし、法定相続分は、民法に定めがあるため、相続人が誰であるか認識していれば、不動産の所有関係を理解しうるのに対して、指定相続分は、遺言で定めるのであるから、定めがあるかどうかも、どのような割合で指定されているのかも認識できないのであるから、指定相続分を法定相続分と同様な取扱いにすると、著しく取引の安全を害するおそれがある。

　この点についても、2018（平成30）年の相続法改正によってもうけられた民法899条の2第1項が適用されることとなる。民法899条の2第1項は、「相続による権利の承継は、遺産の分割によるものかどうかにかかわらず、次条及び第901条の規定により算定した相続分（筆者注：法定相続分）を超える部分については、登記、登録その他の対抗要件を備えなければ、第三者

に対抗することができない。」という規律である。したがって、上記の最高裁判決も見直されて、法定相続分を超える指定相続分については、登記・登録を備えなければ、第三者に対抗することができないこととなったのである。

　なお、2018（平成30）年の相続法改正による相続と登記の全体像に関しては、拙著『［改正相続法対応］Ｑ＆Ａ相続財産をめぐる第三者対抗要件』（新日本法規、2019年）を参照されたい。

　遺贈と登記も問題となるが、遺贈については、古くから「遺贈は遺言によつて受遺者に財産権を与える遺言者の意思表示にほかならず、遺言者の死亡を不確定期限とするものではあるが、意思表示によつて物権変動の効果を生ずる点においては贈与と異なる点はないのであるから、遺贈が効力を生じた場合においても、遺贈を原因とする所有権移転登記のなされていない間は、完全に排他的な権利変動を生じないものと解すべきである。そして、民法177条が広く物権の得喪変更について登記をもつて対抗要件としているところから見れば、遺贈をもつてその例外とする理由はないから、遺贈の場合においても不動産の二重譲渡等における場合と同様、登記をもつて物権変動の対抗要件とするものと解すべきである」と判断されており（最判昭和39年3月6日民集18巻3号437頁）、この判断に変更はない。

(3)　預貯金の取扱い

①　預貯金債権の共同相続

　預貯金債権の法的性質については、さまざまな考え方も示されているが、銀行に対してお金を預けるものであり、基本的には寄託契約という性質であって、わずかとはいえ金利がつく有償寄託であって、銀行は預金を運用して払戻請求があればそれに応じれば足りることになるため、消費寄託という性質を持っている。つまり、預貯金は、有償消費寄託契約という法的性質が基本になっている。

　預貯金の相続に関しては、金銭債権なのであるから、可分であって、当然

分割の原則が適用され（民法427条）、遺産分割の対象とならないというのが判例であった（最判昭和29年4月8日民集8巻4号819頁、最判平成16年4月20日家月56巻10号48頁）。しかし、最大決平成28年12月19日民集70巻8号2121頁によって判例が変更され、預貯金は準共有となって、遺産分割の対象となるものとされた。

　最高裁がなぜ判例変更したのかについては、いろいろな理由が述べられているが、それぞれの理由は異なったものであって、この判例の射程範囲はどこまで及ぶのか非常にわかりにくいものとなっている。決定自体が非常に長いものであるため、その理由の骨子を以下にまとめておくこととする。

㋐　現金との近接性という理由

　「具体的な遺産分割の方法を定めるに当たっての調整に資する財産であるという点においては、本件で問題とされている預貯金が現金に近いものとして想起される。（中略）預貯金は、預金者においても、確実かつ簡易に換価することができるという点で現金との差をそれほど意識させない財産であると受け止められているといえる」という理由で、銀行預金は現金と変わらないと言っているのであるから、銀行預金だけを対象とする理由である。

㋑　預貯金契約上の地位との一体性という理由

　「預貯金契約は、消費寄託の性質を有するものであるが、預貯金契約に基づいて金融機関の処理すべき事務には、預貯金の返還だけでなく、振込入金の受入れ、各種料金の自動支払、定期預金の自動継続処理等、委任事務ないし準委任事務の性質を有するものも多く含まれている（最判平成21年1月22日民集63巻1号228頁）」という理由で、銀行預金契約は単にお金を預けるだけでなく、さまざまな契約上の地位と一体をなしていると言っているのであるから、他の債権であっても、契約上の地位と一体になった類似のものはありそうに思える。

㋒　口座取引としての特質性（枠契約性）という理由

　「普通預金口座等が賃金や各種年金給付等の受領のために一般的に利用さ

れるほか、公共料金やクレジットカード等の支払のための口座振替が広く利用され、定期預金等についても総合口座取引において当座貸越の担保とされるなど、預貯金は決済手段としての性格を強めてきている。また、一般的な預貯金については、預金保険等によって一定額の元本及びこれに対応する利息の支払が担保されている上（預金保険法第3章第3節等）、その払戻手続は簡易であって、金融機関が預金者に対して預貯金口座の取引経過を開示すべき義務を負うこと（前掲最高裁平成21年1月22日第一小法廷判決参照）などから預貯金債権の存否及びその額が争われる事態は多くなく、預貯金債権を細分化してもこれによりその価値が低下することはないと考えられる」という理由であり、これは枠契約の発想だろうと思われるため、銀行預金に限定された理由であろう。

㋔　遺産分割対象への組入の実務運用という理由

　「共同相続の場合において、一般の可分債権が相続開始と同時に当然に相続分に応じて分割されるという理解を前提としながら、遺産分割手続の当事者の同意を得て預貯金債権を遺産分割の対象とするという運用が実務上広く行われてきているが、これも、以上のような事情を背景とするものであると解される」という理由であるから、これは金銭債権全般に該当することではないかと思われる。

㋕　現実的な望ましさという理由

　「一般的には、遺産分割においては被相続人の財産をできる限り幅広く対象とすることが望ましく、また、遺産分割手続を行う実務上の観点からは、現金のように、評価についての不確定要素が少なく、具体的な遺産分割の方法を定めるに当たっての調整に資する財産を遺産分割の対象とすることに対する要請も広く存在することがうかがわれる」という理由であり、これも金銭債権全般に共通する要請なのではないかと思われる。

　以上のように、平成28年最高裁大法廷決定は、理由付けに統一性・一貫性はなく、どこまでその判例としての射程が及ぶのか不明と言わざるを得ない。

しかし、2018（平成30）年の相続法改正では、最高裁決定の射程を銀行預金に限定するという理解を前提として、民法909条の2を新設したものと理解できる。民法909条の2は、預貯金の3分の1のうち、法定相続分を乗じた金額の150万円（平成30年11月法務省令29号）までの範囲では、一人で預貯金を下ろせることとした。これに合わせて、家事事件手続法200条3項も新設され、審判前の保全処分の要件を緩和して、保全処分としての銀行預金の払戻も広く認められるようにしている。

②　預貯金取引記録の開示

　預貯金口座の取引経過開示義務について、民法上にはそのような義務を示す条文はない。学説上は、寄託契約の付随義務として取引経過の開示義務があることを肯定するものや預金契約上の義務であるとして肯定するものがあった。

　最高裁は、貸金業者の事案であるが、「一般に、債務者は、債務内容を正確に把握できない場合には、弁済計画を立てることが困難となったり、過払金があるのにその返還を請求できないばかりか、更に弁済を求められてこれに応ずることを余儀なくされるなど、大きな不利益を被る可能性があるのに対して、貸金業者が保存している業務帳簿に基づいて債務内容を開示することは容易であり、貸金業者に特段の負担は生じないことにかんがみると、貸金業者は、債務者から取引履歴の開示を求められた場合には、その開示要求が濫用にわたると認められるなど特段の事情のない限り、貸金業法の適用を受ける金銭消費貸借契約の付随義務として、信義則上、保存している業務帳簿（保存期間を経過して保存しているものを含む。）に基づいて取引履歴を開示すべき義務を負うものと解すべきである」と判断して、信義則上の付随義務説を採用したことがある（最判平成17年7月19日民集59巻6号1783頁）。

　そして、平成21年1月22日の最高裁判決では、預金の取引経過についての開示義務につき、預金契約上の義務説を採用した。この判決では、次のように判断して、共同相続人の一人が、被相続人名義の預金口座について、その

取引経過の開示を求める権利を単独で行使することができるとした。

　まず、「預金契約は、預金者が金融機関に金銭の保管を委託し、金融機関は預金者に同種、同額の金銭を返還する義務を負うことを内容とするものであるから、消費寄託の性質を有するものである。しかし、預金契約に基づいて金融機関の処理すべき事務には、預金の返還だけでなく、振込入金の受入れ、各種料金の自動支払、利息の入金、定期預金の自動継続処理等、委任事務ないし準委任事務（以下「委任事務等」という。）の性質を有するものも多く含まれている。委任契約や準委任契約においては、受任者は委任者の求めに応じて委任事務等の処理の状況を報告すべき義務を負うが（民法645条、656条）、これは、委任者にとって、委任事務等の処理状況を正確に把握するとともに、受任者の事務処理の適切さについて判断するためには、受任者から適宜上記報告を受けることが必要不可欠であるためと解される。このことは預金契約において金融機関が処理すべき事務についても同様であり、預金口座の取引経過は、預金契約に基づく金融機関の事務処理を反映したものであるから、預金者にとって、その開示を受けることが、預金の増減とその原因等について正確に把握するとともに、金融機関の事務処理の適切さについて判断するために必要不可欠であるということができる」と認定して、「金融機関は、預金契約に基づき、預金者の求めに応じて預金口座の取引経過を開示すべき義務を負うと解するのが相当である」と判断した。

　そして、「預金者が死亡した場合、その共同相続人の一人は、預金債権の一部を相続により取得するにとどまるが、これとは別に、共同相続人全員に帰属する預金契約上の地位に基づき、被相続人名義の預金口座についてその取引経過の開示を求める権利を単独で行使することができる（同法264条、252条ただし書）というべきであり、他の共同相続人全員の同意がないことは上記権利行使を妨げる理由となるものではない」と判示したのである。

　そうすると、金融取引の経過に関する開示義務については、上記2つの判例の考え方で整理できるのではないかと考えられる。

　まず、従来の考え方の中には、過去の取引経過の中には、被相続人に関する情報だけでなく、取引に関わった他者に関する情報も含まれるため、プライバシー権の侵害や守秘義務違反に該当するような場合もあるから、直ちに取引経過の開示請求には応じられないという否定説もあった。

　このような考え方は、預金者の認定問題について、複数人が預金者であると考える限りは、被相続人以外の預金者のプライバシーに関わる可能性もあると思われるが、被相続人が単独の預金者である場合には、被相続人自身は生前に当該口座の取引経過について、すべての開示請求をなしえたのであるから、被相続人の死後に相続人が預金者としての地位を準共有して被相続人と同様な開示請求をなしうるはずだと思われる。そうだとすれば、預金取引の経過に関する開示請求において、他者のプライバシーを考慮する必要はないこととなる。

　次に、前述した最判平成17年7月19日が示しているように、取引経過の開示請求が権利濫用になる場合には、開示請求できないこともありうる。この点については、どのような場合が権利濫用にわたると認められる特段の事情がある場合に該当するかは明確ではないが、開示請求が不必要に細分化され短期間のうちに何回も繰り返されている場合や、特に必要性もないのに、伝票類までの開示を求めたり、口座開設以来の長期間にわたる開示を求めたり、全支店についての開示を求めたりするような開示請求は、権利濫用に該当する余地があると示唆されている（判例タイムズ1290号（2009年）132頁以下）。

(4)　株式の取扱い：事業承継円滑化法

　株式とは、判例によれば、「株主たる資格において会社に対して有する法律上の地位を意味し、株主は、株主たる地位に基づいて、剰余金の配当を受ける権利（会社法105条1項1号）、残余財産の分配を受ける権利（同項2号）などのいわゆる自益権と、株主総会における議決権（同項3号）などのいわゆる共益権とを有する」とされている（最判平成26年2月25日民集68巻

2号173頁）。

　したがって、株式は、単なる可分債権などではなく、法律上の地位そのものであるから、当然に分割帰属されることはなく、昭和45年1月22日の最高裁判決で、株式は相続により準共有されるに至ると判示されていた（最判昭和45年1月22日民集24巻1号1頁）。上記の近年の最高裁判例（前掲最判平成26年2月25日）でも、「株式に含まれる権利の内容及び性質に照らせば、共同相続された株式は、相続開始と同時に当然に相続分に応じて分割されることはないものというべきである」とこのことが確認されている。

　中小企業の事業承継の面から株式の相続を考える場合、事業承継円滑化法（正式名称は、「中小企業における経営の承継の円滑化に関する法律」）の特例を知っておくべきであろう。事業承継円滑化法は、2009（平成21）年に成立し、その後、数度の改正を経て今日に至っている。

　事業承継円滑化法は、AがCにX会社の株式を全部取得させることによって、他の共同相続人の遺留分を侵害する場合には、Cは他の共同相続人の遺留分侵害額を支払わなければならないため、それが中小企業の事業承継のネックになるとして、その負担を軽減するために、一定の要件（合意書面の作成（同法6条）、経済産業大臣に確認申請（同法7条）、家庭裁判所の許可（同法8条）など）のもとに、相続人の全員合意で遺留分の基礎財産額に自社株を算入しないことができ、また、遺留分の基礎財産額に算入するとしても、その額を合意時点の価額とすることもできるとされている（同法4条、5条）。

　事業承継円滑化法については、あまり見ることがない条文であろうから、少し長くなってしまうが、上記に関する条文を抜粋して次に掲げておくことする。

中小企業における経営の承継の円滑化に関する法律

　　第1章　総則

（目的）

第１条　この法律は、多様な事業の分野において特色ある事業活動を行い、多様な就業の機会を提供すること等により我が国の経済の基盤を形成している中小企業について、代表者の死亡等に起因する経営の承継がその事業活動の継続に影響を及ぼすことにかんがみ、遺留分に関し民法（明治29年法律第89号）の特例を定めるとともに、中小企業者が必要とする資金の供給の円滑化等の支援措置を講ずることにより、中小企業における経営の承継の円滑化を図り、もって中小企業の事業活動の継続に資することを目的とする。

（定義）

第２条　この法律において「中小企業者」とは、次の各号のいずれかに該当する者をいう。

一　資本金の額又は出資の総額が３億円以下の会社並びに常時使用する従業員の数が300人以下の会社及び個人であって、製造業、建設業、運輸業その他の業種（次号から第４号までに掲げる業種及び第５号の政令で定める業種を除く。）に属する事業を主たる事業として営むもの

二　資本金の額又は出資の総額が１億円以下の会社並びに常時使用する従業員の数が100人以下の会社及び個人であって、卸売業（第５号の政令で定める業種を除く。）に属する事業を主たる事業として営むもの

三　資本金の額又は出資の総額が5000万円以下の会社並びに常時使用する従業員の数が100人以下の会社及び個人であって、サービス業（第５号の政令で定める業種を除く。）に属する事業を主たる事業として営むもの

四　資本金の額又は出資の総額が5000万円以下の会社並びに常時

　　　使用する従業員の数が50人以下の会社及び個人であって、小売
　　　業（次号の政令で定める業種を除く。）に属する事業を主たる
　　　事業として営むもの

　五　資本金の額又は出資の総額がその業種ごとに政令で定める金
　　　額以下の会社並びに常時使用する従業員の数がその業種ごとに
　　　政令で定める数以下の会社及び個人であって、その政令で定め
　　　る業種に属する事業を主たる事業として営むもの

　第２章　遺留分に関する民法の特例

（定義）

第３条　この章において「特例中小会社」とは、中小企業者のうち、
　　　一定期間以上継続して事業を行っているものとして経済産業省令
　　　で定める要件に該当する会社（金融商品取引法（昭和23年法律第
　　　25号）第２条第16項に規定する金融商品取引所に上場されている
　　　株式又は同法第67条の11第１項の店頭売買有価証券登録原簿に登
　　　録されている株式を発行している株式会社を除く。）をいう。

　２　この章において「旧代表者」とは、特例中小会社の代表者であ
　　　った者（代表者である者を含む。）であって、他の者に対して当
　　　該特例中小会社の株式等（株式（株主総会において決議をするこ
　　　とができる事項の全部につき議決権を行使することができない株
　　　式を除く。）又は持分をいう。以下同じ。）の贈与をしたものをい
　　　う。

　３　この章において「会社事業後継者」とは、旧代表者から当該特
　　　例中小会社の株式等の贈与を受けた者（以下「株式等受贈者」と
　　　いう。）又は当該株式等受贈者から当該株式等を相続により取得
　　　した者であって、当該特例中小会社の総株主（株主総会において
　　　決議をすることができる事項の全部につき議決権を行使すること
　　　ができない株主を除く。以下同じ。）又は総社員の議決権の過半

数を有し、かつ、当該特例中小会社の代表者であるものをいう。

4　（略）

5　（略）

6　この章において「推定相続人」とは、相続が開始した場合に相続人となるべき者のうち、被相続人の兄弟姉妹及びこれらの者の子以外のものをいう。

（会社事業後継者が取得した株式等又は個人事業後継者が取得した事業用資産に関する遺留分の算定に係る合意等）

第4条　旧代表者の推定相続人及び会社事業後継者は、その全員の合意をもって、書面により、次に掲げる内容の定めをすることができる。ただし、当該会社事業後継者が所有する当該特例中小会社の株式等のうち当該定めに係るものを除いたものに係る議決権の数が総株主又は総社員の議決権の100分の50を超える数となる場合は、この限りでない。

一　当該会社事業後継者が当該旧代表者からの贈与又は当該株式等受贈者からの相続により取得した当該特例中小会社の株式等の全部又は一部について、その価額を遺留分を算定するための財産の価額に算入しないこと。

二　前号に規定する株式等の全部又は一部について、遺留分を算定するための財産の価額に算入すべき価額を当該合意の時における価額（弁護士、弁護士法人、弁護士・外国法事務弁護士共同法人、公認会計士（公認会計士法（昭和23年法律第103号）第16条の2第5項に規定する外国公認会計士を含む。）、監査法人、税理士又は税理士法人がその時における相当な価額として証明をしたものに限る。）とすること。

2　次に掲げる者は、前項第2号に規定する証明をすることができない。

　　一　旧代表者

　　二　会社事業後継者

　　三　業務の停止の処分を受け、その停止の期間を経過しない者

　　四　弁護士法人、弁護士・外国法事務弁護士共同法人、監査法人
　　　又は税理士法人であって、その社員の半数以上が第1号又は第
　　　2号に掲げる者のいずれかに該当するもの

3　旧個人事業者の推定相続人及び個人事業後継者は、その全員の
　合意をもって、書面により、当該個人事業後継者が当該旧個人事
　業者からの贈与又は当該事業用資産受贈者からの相続により取得
　した事業用資産の全部又は一部について、その価額を遺留分を算
　定するための財産の価額に算入しない旨の定めをすることができ
　る。

4　旧代表者の推定相続人及び会社事業後継者は、第1項の規定に
　よる合意をする際に、併せて、その全員の合意をもって、書面に
　より、次に掲げる場合に当該会社事業後継者以外の推定相続人が
　とることができる措置に関する定めをしなければならない。

　　一　当該会社事業後継者が第1項の規定による合意の対象とした
　　　株式等を処分する行為をした場合

　　二　旧代表者の生存中に当該会社事業後継者が当該特例中小会社
　　　の代表者として経営に従事しなくなった場合

5　旧個人事業者の推定相続人及び個人事業後継者は、第3項の規
　定による合意をする際に、併せて、その全員の合意をもって、書
　面により、次に掲げる場合に当該個人事業後継者以外の推定相続
　人がとることができる措置に関する定めをしなければならない。

　　一　当該個人事業後継者が第3項の規定による合意の対象とした
　　　事業用資産の処分（当該個人事業後継者の事業活動の継続のた
　　　めに必要な処分として経済産業省令で定めるものを除く。）を

する行為をした場合

　二　当該個人事業後継者が当該事業用資産を専らその営む事業の
　　用以外の用に供している場合

　三　旧個人事業者の生存中に当該個人事業後継者が事業を営まな
　　くなった場合

（会社事業後継者が取得した株式等以外の財産又は個人事業後継者が
　取得した事業用資産以外の財産に関する遺留分の算定に係る合意）

第5条　次の各号に掲げる者は、前条第1項又は第3項の規定による
　　合意をする際に、併せて、当該各号に掲げる者全員の合意をもっ
　　て、書面により、当該各号に定める財産の全部又は一部について、
　　その価額を遺留分を算定するための財産の価額に算入しない旨の
　　定めをすることができる。

　一　旧代表者の推定相続人及び会社事業後継者　会社事業後継者
　　が当該旧代表者からの贈与又は当該株式等受贈者からの相続に
　　より取得した財産（当該特例中小会社の株式等を除く。）

　二　旧個人事業者の推定相続人及び個人事業後継者　個人事業後
　　継者が当該旧個人事業者からの贈与又は当該事業用資産受贈者
　　からの相続により取得した財産（当該事業用資産を除く。）

（推定相続人と会社事業後継者又は個人事業後継者との間の衡平及び
　推定相続人間の衡平を図るための措置に係る合意）

第6条　次の各号に掲げる者は、第4条第1項又は第3項の規定によ
　　る合意をする際に、併せて、当該各号に掲げる者全員の合意をも
　　って、当該各号に定める措置に関する定めをする場合においては、
　　当該定めは、書面によってしなければならない。

　一　旧代表者の推定相続人及び会社事業後継者　当該推定相続人
　　と当該会社事業後継者との間の衡平及び当該推定相続人間の衡
　　平を図るための措置

　　二　旧個人事業者の推定相続人及び個人事業後継者　当該推定相続人と当該個人事業後継者との間の衡平及び当該推定相続人間の衡平を図るための措置

２　次の各号に掲げる者は、前項の規定による合意として、当該各号に定める財産の全部又は一部について、その価額を遺留分を算定するための財産の価額に算入しない旨の定めをすることができる。

　　一　旧代表者の推定相続人及び会社事業後継者　会社事業後継者以外の推定相続人が当該旧代表者からの贈与又は当該株式等受贈者からの相続により取得した財産

　　二　旧個人事業者の推定相続人及び個人事業後継者　個人事業後継者以外の推定相続人が当該旧個人事業者からの贈与又は当該事業用資産受贈者からの相続により取得した財産

（経済産業大臣の確認）

第7条　第4条第1項の規定による合意（前2条の規定による合意をした場合にあっては、同項及び前2条の規定による合意。以下この条において同じ。）をした会社事業後継者は、次の各号のいずれにも該当することについて、経済産業大臣の確認を受けることができる。

　　一　当該合意が当該特例中小会社の経営の承継の円滑化を図るためにされたものであること。

　　二　申請をした者が当該合意をした日において会社事業後継者であったこと。

　　三　当該合意をした日において、当該会社事業後継者が所有する当該特例中小会社の株式等のうち当該合意の対象とした株式等を除いたものに係る議決権の数が総株主又は総社員の議決権の100分の50以下の数であったこと。

　四　第４条第４項の規定による合意をしていること。

2　第４条第３項の規定による合意（前２条の規定による合意をした場合にあっては、同項及び前２条の規定による合意。以下この条において同じ。）をした個人事業後継者は、次の各号のいずれにも該当することについて、経済産業大臣の確認を受けることができる。

　一　当該合意が当該旧個人事業者が営んでいた事業の経営の承継の円滑化を図るためにされたものであること。

　二　申請をした者が当該合意をした日において個人事業後継者であったこと。

　三　第４条第５項の規定による合意をしていること。

3　前２項の確認の申請は、経済産業省令で定めるところにより、第４条第１項又は第３項の規定による合意をした日から１月以内に、次に掲げる書類を添付した申請書を経済産業大臣に提出してしなければならない。

　一　当該合意の当事者の全員の署名又は記名押印のある次に掲げる書面

　　イ　当該合意に関する書面

　　ロ　当該合意の当事者の全員が当該特例中小会社又は当該旧個人事業者が営んでいた事業の経営の承継の円滑化を図るために当該合意をした旨の記載がある書面

　二　旧代表者の推定相続人及び会社事業後継者が第４条第１項第２号に掲げる内容の定めをした場合においては、同号に規定する証明を記載した書面

　三　前２号に掲げるもののほか、経済産業省令で定める書類

4　第４条第１項又は第３項の規定による合意をした会社事業後継者又は個人事業後継者が死亡したときは、その相続人は、第１項

又は第2項の確認を受けることができない。

　5　経済産業大臣は、第1項又は第2項の確認を受けた者について、偽りその他不正の手段によりその確認を受けたことが判明したときは、その確認を取り消すことができる。

（家庭裁判所の許可）

第8条　第4条第1項又は第3項の規定による合意（第5条又は第6条第2項の規定による合意をした場合にあっては、第4条第1項又は第3項及び第5条又は第6条第2項の規定による合意）は、前条第1項又は第2項の確認を受けた者が当該確認を受けた日から1月以内にした申立てにより、家庭裁判所の許可を受けたときに限り、その効力を生ずる。

　2　家庭裁判所は、前項に規定する合意が当事者の全員の真意に出たものであるとの心証を得なければ、これを許可することができない。

　3　前条第1項又は第2項の確認を受けた者が死亡したときは、その相続人は、第1項の許可を受けることができない。

（合意の効力）

第9条　前条第1項の許可があった場合には、民法第1043条第1項の規定及び同法第1044条第3項において読み替えて適用される同条第1項の規定にかかわらず、第4条第1項第1号に掲げる内容の定めに係る株式等及び同条第3項の定めに係る事業用資産並びに第5条及び第6条第2項の規定による合意に係る財産の価額を遺留分を算定するための財産の価額に算入しないものとする。

　2　前条第1項の許可があった場合における第4条第1項第2号に掲げる内容の定めに係る株式等について遺留分を算定するための財産の価額に算入すべき価額は、当該定めをした価額とする。

　3　前2項の規定にかかわらず、前条第1項に規定する合意は、旧

　　代表者又は旧個人事業者がした遺贈及び贈与について、当該合意
　　の当事者（民法第887条第2項（同条第3項において準用する場
　　合を含む。）の規定により当該旧代表者又は旧個人事業者の相続
　　人となる者（次条第4号において「代襲者」という。）を含む。
　　次条第3号において同じ。）以外の者に対してする遺留分侵害額
　　の請求に影響を及ぼさない。

（以下略）

(5)　生命保険金請求権の相続性（特別受益性）

　生命保険金が特別受益に該当するかどうかに関しては、学説が多岐に分か
れている。そもそも生命保険商品にはさまざまなものがあり、生命保険金と
して一括して性質決定することが難しいと思われる。月々の生命保険料が少
額であり、長年払い込んだ末に生命保険金は比較的わずかな解約返戻金程度
のものが残るだけの商品から、相続税対策のために多額の生命保険料を一括
払いし、数年の運用金利を加算して生命保険金として支払われる商品まで、
実にさまざまである。

　近年の判例で問題となった事案（最決平成16年10月29日民集58巻7号1979
頁）は、次のようなものである。X1〜X3およびYは、いずれもAとBの
子であるが、Aは1990（平成2）年1月に、Bは同年10月に死亡した。X1
らはYを相手方として、1995（平成7）年にAの遺産分割調停を、1998（平
成10）年にBの遺産分割調停を申し立てたが、両調停は併合され、一部の遺
産については調停が成立したが、Y名義となっていた4筆の土地および地上
建物が遺産であるか否かについて争いがあり、審判に移行した。Xらは遺産
範囲確認の訴えを提起して、各土地がAの遺産であることを確認する判決が
確定している。Yは、AとBのために自宅を増築し、AとBをそこに住まわ
せて、認知症のAの介護をBが行うのを手伝ってきたという経緯がある。本

件第一審の家庭裁判所は、本件各土地をＹの単独取得としたうえで、Ｙに対し、Ｘらに代償金の支払を命ずる旨の審判をした。その際、Ｃ保険相互会社との間で締結されていた、保険契約者および被保険者をＢとし、死亡保険金受取人をＹとする養老保険契約等に基づいてＹが受領した死亡保険金は、特別受益に該当しないと判断したため、Ｘらが死亡保険金の特別受益性を争ったものである。それを図示すると、**【図22】**のようになる。

[図22]

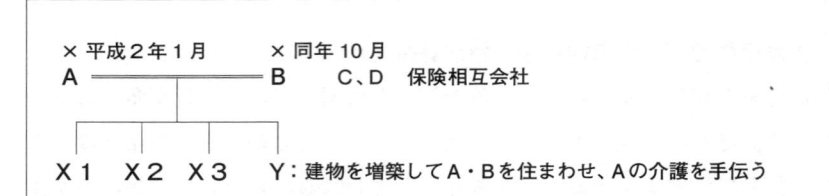

```
　　　　×平成２年１月　　　×同年10月
　　　　Ａ━━━━━━━━━Ｂ　　Ｃ、Ｄ　保険相互会社
　　　　　┃
　┏━━━┳━━━┳━━━┓
　Ｘ１　Ｘ２　Ｘ３　　Ｙ：建物を増築してＡ・Ｂを住まわせ、Ａの介護を手伝う
```

昭和39年：Ｂ、Ｄ保険相互会社と死亡保険金受取人をＡとする養老生命共済
平成２年：Ｂ、Ｃ保険相互会社と死亡保険金受取人をＹとする養老保険契約
平成７年：Ｘ１ら、Ｙに対して、Ａの遺産分割調停
平成10年：Ｘ１ら、Ｙに対して、Ｂの遺産分割調停
平成12年：Ｘ１らの遺産範囲確認訴訟の勝訴が確定
平成15年：本件第一審審判
平成16年：抗告審決定

この事案につき、最高裁は、次のように判示した。

まず、死亡保険金請求権の相続性につき、「被相続人が自己を保険契約者及び被保険者とし、共同相続人の一人又は一部の者を保険金受取人と指定して締結した養老保険契約に基づく死亡保険金請求権は、その保険金受取人が自らの固有の権利として取得するのであって、保険契約者又は被保険者から承継取得するものではなく、これらの者の相続財産に属するものではないと

いうべきである（最高裁昭和36年（オ）第1028号同40年2月2日第三小法廷判決・民集19巻1号1頁参照）。また、死亡保険金請求権は、被保険者が死亡した時に初めて発生するものであり、保険契約者の払い込んだ保険料と等価関係に立つものではなく、被保険者の稼働能力に代わる給付でもないのであるから、実質的に保険契約者又は被保険者の財産に属していたものとみることはできない（最高裁平成11年（受）第1136号同14年11月5日第一小法廷判決・民集56巻8号2069頁参照）」と判断した。

　そして、特別受益性につき、「したがって、上記の養老保険契約に基づき保険金受取人とされた相続人が取得する死亡保険金請求権又はこれを行使して取得した死亡保険金は、民法903条1項に規定する遺贈又は贈与に係る財産には当たらないと解するのが相当である。もっとも、上記死亡保険金請求権の取得のための費用である保険料は、被相続人が生前保険者に支払ったものであり、保険契約者である被相続人の死亡により保険金受取人である相続人に死亡保険金請求権が発生することなどにかんがみると、保険金受取人である相続人とその他の共同相続人との間に生ずる不公平が民法903条の趣旨に照らし到底是認することができないほどに著しいものであると評価すべき特段の事情が存する場合には、同条の類推適用により、当該死亡保険金請求権は特別受益に準じて持戻しの対象となると解するのが相当である。上記特段の事情の有無については、保険金の額、この額の遺産の総額に対する比率のほか、同居の有無、被相続人の介護等に対する貢献の度合いなどの保険金受取人である相続人及び他の共同相続人と被相続人との関係、各相続人の生活実態等の諸般の事情を総合考慮して判断すべきである」と結論づけている。

　したがって、生命保険金請求権に関しては、今後は、本件決定によって示された「保険金受取人である相続人とその他の共同相続人との間に生ずる不公平が民法903条の趣旨に照らし到底是認することができないほどに著しいものであると評価すべき特段の事情」の存否が争点になる。

⑹　相続債務の取扱い

　相続債務については、金銭債務その他の可分債務は、当然分割され（民法427条）、各共同相続人が法定相続分に応じて承継することとされている（最判昭和34年6月19日民集13巻6号757頁）。相続分の指定がなされた場合、債務者には債務の帰属について自由に処分する権限はないのであるから、相続債権者は、相続分の指定に拘束されるいわれはない。相続分の指定は、共同相続人間の内部的な負担割合を定めたものであって、債権者を拘束することは、対外的な問題であるから、拘束できないこととされているが、相続人間においては、内部関係の問題であるから、指定相続分の割合に応じて相続債務を承継することとなる（最判平成21年3月24日民集63巻3号427頁）。

　もっとも、対外的な関係にある相続債権者は、相続分の指定の効力を承認して、各共同相続人に対し、指定相続分に応じた相続債務の履行を請求することは可能である（前掲最判平成21年3月24日）。したがって、2018（平成30）年の相続法改正では、この判例の考え方を民法902条の2に明文化した。民法902条の2は、「被相続人が相続開始の時において有した債務の債権者は、前条の規定（筆者注：遺言による相続分の指定）による相続分の指定がされた場合であっても、各共同相続人に対し、第900条及び第901条の規定（筆者注：法定相続分）により算定した相続分に応じてその権利を行使することができる。ただし、その債権者が共同相続人の一人に対してその指定された相続分に応じた債務の承継を承認したときは、この限りでない。」という定めである。

④　相続の選択

⑴　限定承認と死因贈与

　限定承認については、平成10年の最高裁判決が注目に値する。その事案は、次のようなものである。Aは、1986（昭和61）年3月に当時未成年であった

子X1らの親権者をBと定めてBと離婚した後、1987（昭和62）年12月に自己所有の本件土地を持分2分の1ずつとしてX1、X2に死因贈与して、始期付所有権移転仮登記手続を行った。Aは、1993（平成5）年5月に死亡したため、X1らは、同年8月3日に限定承認の申述受理の申立てをし、同月26日に受理された。X1らは、同月4日には、上記仮登記を本登記にしていた。Yは、1994（平成6）年2月、Aに対して有していた貸金債権につき、執行受諾文言付公正証書に基づいて本件土地の強制競売の申立てを行い、執行裁判所はこれを却下したが、抗告審は原決定を取り消して、差戻審で強制競売開始決定がなされた。そこでX1らは、本件土地は相続開始前の死因贈与に基づいて仮登記がなされており、その順位保全効によって、Yに対抗しうると主張し、本件強制競売の不許を求めて請求異議訴訟を提起したというものである。それを図示すると、【図23】のようになる。

【図23】

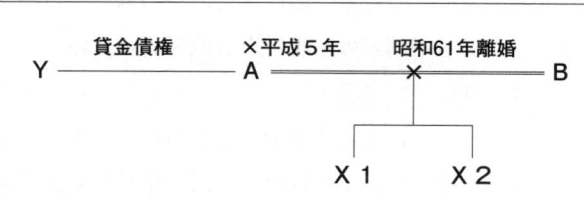

昭和61年3月：A・B離婚
昭和62年12月21日：A、X1・X2に本件土地の持分2分の1ずつを死因贈与
　　　　　　23日：仮登記を経由
平成5年5月9日：A死亡
　　　　8月3日：Xら限定承認の申述受理の申立て → 同月26日受理
　　　　　　4日：仮登記を本登記に経由
平成6年2月：Y、公正証書に基づき本件土地の強制競売申立て → 開始決定
　　　　　⇒　Xら、請求異議の訴え提起

　以上の事案に対し、最高裁は、次のように判示した（最判平成10年2月13日民集52巻1号38頁）。

　「不動産の死因贈与の受贈者が贈与者の相続人である場合において、限定承認がされたときは、死因贈与に基づく限定承認者への所有権移転登記が相続債権者による差押登記よりも先にされたとしても、信義則に照らし、限定承認者は相続債権者に対して不動産の所有権取得を対抗することができないというべきである。けだし、被相続人の財産は本来は限定承認者によって相続債権者に対する弁済に充てられるべきものであることを考慮すると、限定承認者が、相続債権者の存在を前提として自ら限定承認をしながら、贈与者の相続人としての登記義務者の地位と受贈者としての登記権利者の地位を兼ねる者として自らに対する所有権移転登記手続をすることは信義則上相当でないものというべきであり、また、もし仮に、限定承認者が相続債権者による差押登記に先立って所有権移転登記手続をすることにより死因贈与の目的不動産の所有権取得を相続債権者に対抗することができるものとすれば、限定承認者は、右不動産以外の被相続人の財産の限度においてのみその債務を弁済すれば免責されるばかりか、右不動産の所有権をも取得するという利益を受け、他方、相続債権者はこれに伴い弁済を受けることのできる額が減少するという不利益を受けることとなり、限定承認者と相続債権者との間の公平を欠く結果となるからである。そして、この理は、右所有権移転登記が仮登記に基づく本登記であるかどうかにかかわらず、当てはまるものというべきである」と判断した。

　本判決は、限定承認者が対抗要件を先に具備していたとしても、信義則に照らして限定承認者は相続債権者に対抗しえないという論理になっている。理論上は、対抗要件を先に具備しているのであれば、対抗する余地がないわけではないが、限定承認者が責任を限定させておきながら権利は優先的に取得できるとするのは公正を欠いているうえ、相続債権者からの追及を免れるためには、生前に推定相続人と死因贈与契約を締結して対抗要件を具備して

おけばよいことになりかねないということであろう。

(2)　相続放棄と登記

　相続放棄は、相続の効果を確定的に消滅させる相続人の意思表示である。相続人には、相続を承認するか放棄するかの自由な選択権が保障されている。なお、被相続人の債務が住宅ローンである場合、団体信用生命保険契約に加入しているときには、債務者である被相続人の死亡によって、ローン残額に相当する生命保険金が支給されて債務が消滅することとなるため、住宅ローン債務が存在していたからといって、直ちに相続放棄をすることは適切ではないこととなる。

　相続放棄の手続は、被相続人の住所地を管轄する家庭裁判所に対し（家事手続201条1項、民法883条）、民法915条1項の熟慮期間内（自己のために相続の開始があったことを知った時から3箇月以内）に、相続放棄の申述をしなければならない（民法938条）。

　相続を放棄した者は、その相続に関しては、初めから相続人とならなかったものとみなされる（民法939条）。したがって、相続を放棄した者は、相続財産である不動産について無権利者となるのであり、「無権利の法理」が妥当する場面になるのであるから、相続の放棄は登記なくして第三者に対抗できるものとされている（最判昭和42年1月20日民集21巻1号16頁）。2018（平成30）年の相続法改正では、この点に関しては触れておらず、従来からの判例が維持されているものと考えることができる。

⑤　遺産分割手続

(1)　一部分割

　遺産分割においては、遺産の範囲を確定させたうえで、遺産の全部について一回的解決を図ることが望ましいとされ、一部分割は原則として認められ

ないとする考え方も強かった。

　しかし、現代の相続においては、被相続人がいくつかの国に資産を分散して保有している場合も多々あるのであって、いくつかの国に分散している相続財産の分割を一回的に解決することは極めて困難である。したがって、実務では、一部分割は日常的に行ってきたところである。

　また、いわゆる「相続させる」旨の遺言（特定財産承継遺言）がなされた場合には、遺産分割方法の指定と解されてきたのであるから、そのような遺言が実現された場合には、一部分割の終了として処理しなければならないはずであるにもかかわらず、特別受益として処理する考え方が強かったのも理論的ではなかったと思われる。ただし、この点に関しては、2018（平成30）年の相続法改正によって、特定財産承継遺言が遺産分割方法の指定の遺言であることと一部分割が明文化されたのであるから、一部分割として処理することとなろう。

　2018（平成30）年の相続法改正では、一部分割につき、民法907条1項に「共同相続人は、次条の規定により被相続人が遺言で禁じた場合を除き、いつでも、その協議で遺産の全部又は一部の分割をすることができる。」と明記して、遺産分割協議に基づいて、一部分割をなしうることが明文化された。

　そして、同条2項では、「遺産の分割について、共同相続人間に協議が調わないとき、又は協議をすることができないときは、各共同相続人は、その全部又は一部の分割を家庭裁判所に請求することができる。ただし、遺産の一部を分割することにより他の共同相続人の利益を害するおそれがある場合におけるその一部の分割については、この限りでない。」として、他の共同相続人の利益を害するおそれがない限り、一部分割の審判をすることができることも明確にされた。

(2)　分割前財産処分

　遺産分割前に相続財産が処分された場合には、当該財産は遺産分割の対象

から除かれ、各共同相続人が処分した相続人に対して損害賠償請求権や不当利得返還請求権を取得すると理解されてきた。そして、遺産分割の対象財産に関しては、家裁実務上、相続人全員の同意原則が認められており、可分債権であっても、相続人全員の同意をもって遺産分割の対象に組み込むことができるとされてきたところであるが、相続人の一人が相続財産を勝手に処分した場合の損害賠償請求権等を相続人全員の同意で遺産分割の対象に組み込むことは困難であった。なぜなら、相続財産を処分した相続人が同意することは稀であったからである（あくまで稀であって、皆無ではない。筆者は、そのような場合であっても、相続財産を処分した相続人から遺産分割の対象に組み込むことの同意を得たことが数度ある。）。

　この点について、2018（平成30）年の相続法改正は、明文規定をもうけて解決することとした。民法906条の２第１項は、「遺産の分割前に遺産に属する財産が処分された場合であっても、共同相続人は、その全員の同意により、当該処分された財産が遺産の分割時に遺産として存在するものとみなすことができる。」とし、同条第２項では、「前項の規定にかかわらず、共同相続人の一人又は数人により同項の財産が処分されたときは、当該共同相続人については、同項の同意を得ることを要しない。」と明記したため、相続財産を処分した相続人以外の相続人全員の同意をもって、処分財産が遺産分割時に遺産として存在するものとみなして遺産分割を行うことができることとなった。

　なお、遺産分割協議を詐害行為として取り消しうるかも問題となったため、ここで判例を掲げておく。民法424条２項は、「財産権を目的としない行為については、適用しない」と定めているが、判例は、遺産分割協議は「財産権を目的とする法律行為」に該当するとし、遺産分割協議は詐害行為取消の対象となりうるものとした（最判平成11年６月11日民集53巻５号898頁）。相続放棄をするかどうかは、相続人の自由な意思に委ねられているため、第三者が介入すべきではないが、いったん相続に関する選択権を行使した後は、純

粋に財産的な行為として考えられるのであるから、遺産分割協議は詐害行為取消権の対象となるべきものである。「遺産」の「分割」なのであるから、財産権を目的としていることは明白であろう。

(3)　遺産である賃貸不動産の賃料債権の帰属

　遺産分割の対象に相続財産の果実が含まれるかどうかには問題がある。果実には、天然果実と法定果実があるが（民法88条）、相続財産で重要なのは、相続財産に含まれている賃貸不動産の賃料などの法定果実である。例えば、相続財産に賃貸建物が含まれていたとすると、相続開始から遺産分割までの間に支払を受けた賃料（法定果実）がたまっていることとなる。この賃料は、相続開始時点で存在したものではないため、相続財産ではなく、相続財産から派生したものにすぎない。しかし、遺産分割には遡及効が定められているため（民法909条）、相続財産から派生した法定果実も遺産分割の対象に含まれるのかが問題となる。

　前述したように、家裁実務上、共同相続人全員の合意があれば、法定果実も遺産分割審判の対象にすることができるとされている。したがって、賃料を遺産分割の対象に組み込むことに相続人全員が同意した場合、遺産分割がなされれば、その賃料は遺産分割の遡及効によって、遺産分割で当該賃貸建物を取得した者に帰属することとなることに争いはないと思われる。

　しかし、賃料を遺産分割の対象に組み込むことに相続人全員が同意していなかった場合、賃料などの法定果実は金銭債権なのであるから、法定相続分に応じて各共同相続人が当然に分割取得することになるのかが問題となるのである。これが問題となった最高裁判決がある（最判平成17年9月8日民集59巻7号1931頁）。その事案を図示すると、**【図24】**のようになる。

［図24］

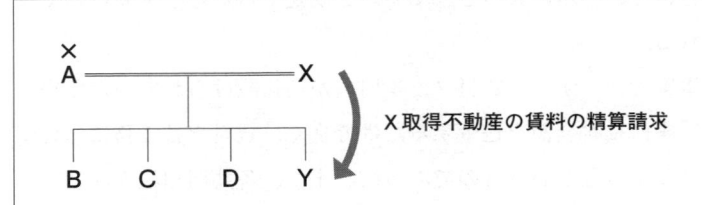

平成8年10月13日：A死亡。遺産は、17の不動産等
　　　　　　　　　　Xら、遺産不動産の賃料プール口座を開設
平成12年2月2日：大阪高裁で遺産分割決定
　　　　　　　　⇒　本件不動産はXが取得したため、XがYに本件
　　　　　　　　　　不動産の賃料としてプール口座の保管金を請求

　この点について判例は、賃貸不動産の賃料債権について、「遺産とは別個の財産というべきであって、各共同相続人がその相続分に応じて分割単独債権として確定的に取得するものと解するのが相当である。遺産分割は、相続開始の時にさかのぼってその効力を生ずるものであるが、各共同相続人がその相続分に応じて分割単独債権として確定的に取得した上記賃料債権の帰属は、後にされた遺産分割の影響を受けないものというべきである。」と判断している。

　確かに賃料債権は相続財産ではなく、法定果実にすぎない。また、金銭債権の当然分割原則によれば、法定相続分に応じた分割債権となる。しかし、このように割り切ってしまうと、法定相続人が多数存在する場合、当該不動産の賃借人の賃料支払義務が非常に煩雑になってしまう恐れがある。また、賃料債権が当然に確定的に分割帰属して遺産分割の遡及効を受けないというのは、当該不動産を取得する相続人の合理的意思に反することとなり、法律行為の基礎事情に関する錯誤の問題（民法95条1項2号）にもなりうると思われる。法律行為の基礎事情に関する錯誤は、基礎とされていることが表示

されていたときに限って、取消権を行使できるとされているが（同条2項）、遺産分割の場合には、黙示に表示されていたと認定できるときも多いのではないかと思われる。

　上記判例の事案では、すでに賃料プール口座が別途設けられていたため、賃借人も当該口座に賃料全額を送金するだけで良く、賃料支払義務に悪影響を及ぼすことはなかったというものであった。また、各共同相続人にとっても、賃料がたまっているのを理解していたのであるから、遺産分割協議を行う際に、その帰属がどうなるのかを確認しようと思えばできたし、全員同意原則に従うべく提案すればできたのにしなかったため、上記判旨のように解しても問題がなかったといえるのかもしれない。

　したがって、賃貸不動産が相続財産に含まれている場合、遺産分割を行う際に、賃料債権を全員同意原則のもとで、遺産分割の対象に組み込むことが望ましいと考えられる。この点に関しては、2018（平成30）年の相続法改正では、触れられなかったため、実務上の対応としては、賃料債権について、とりあえず共同相続人全員の合意をもって、遺産分割の対象としておくのが紛争を予防する方法となる。

(4)　遺産分割の促進策

　2021（令和3）年の相続法改正において、所有者不明土地を生じさせないように、遺産分割を促進する措置が定められた。第1に、民法904条の3が新設され、相続開始から10年を経過した場合、遺産分割に関しては、特別受益及び寄与分を参酌した具体的相続分ではなく、もっぱら法定相続分および指定相続分に従って分割しなければならないとされた。

　また第2に、遺産分割の禁止につき、民法908条2項・3項・5項を新設し、遺産分割禁止契約は5年以内の期間を定めてすることができることとするが、その期間の終期は、相続開始時から10年を超えることができないとされた（同条2項）。遺産分割禁止契約は、5年以内で更新することもできる

が、やはり終期は相続開始時から10年を超えることができないとされた（同条3項）。そして、家庭裁判所による遺産分割禁止についても同様とした（同条5項）。

⑸　特別寄与料

　相続人が被相続人の事業に関する労務の提供または財産上の給付、被相続人の療養看護その他の方法により被相続人の財産の維持または増加について特別の寄与をした共同相続人があるときは、寄与分が認められる（民法904条の2第1項）。しかし、共同相続人の配偶者などが特別の寄与をした場合には、共同相続人の履行補助者として評価するしかないと解されていた。

　そこで、2018（平成30）年の相続法改正では、無償で療養看護その他の労務提供をしたことによって、被相続人の財産の維持または増加について特別の寄与をした被相続人の親族に対し、相続開始後、特別寄与者の寄与に応じた額の金銭（特別寄与料）の支払を請求することができるとされた（民法1050条1項）。これが特別寄与料制度である。

　そして、寄与分制度と同様に、協議が調わないとき等には、家庭裁判所に審判を請求できるが、寄与分制度とは異なり、遺産分割手続が滞ってしまうのを防止するために、短い期間制限規定ももうけている（同条2項3項）。また、寄与分制度と同様に、遺贈の価額を控除した残額を超えることはできないとされている（同条4項）。相続人が複数いる場合の特別寄与料の負担は、法定相続分または指定相続分によって算定した額を負担することとなる（同条5項）。以上の具体的な条文も掲げておくこととする。

民法
　　第10章　特別の寄与
第1050条　被相続人に対して無償で療養看護その他の労務の提供をしたことにより被相続人の財産の維持又は増加について特別の寄与

をした被相続人の親族（相続人、相続の放棄をした者及び第891条の規定に該当し又は廃除によってその相続権を失った者を除く。以下この条において「特別寄与者」という。）は、相続の開始後、相続人に対し、特別寄与者の寄与に応じた額の金銭（以下この条において「特別寄与料」という。）の支払を請求することができる。

2　前項の規定による特別寄与料の支払について、当事者間に協議が調わないとき、又は協議をすることができないときは、特別寄与者は、家庭裁判所に対して協議に代わる処分を請求することができる。ただし、特別寄与者が相続の開始及び相続人を知った時から6箇月を経過したとき、又は相続開始の時から1年を経過したときは、この限りでない。

3　前項本文の場合には、家庭裁判所は、寄与の時期、方法及び程度、相続財産の額その他一切の事情を考慮して、特別寄与料の額を定める。

4　特別寄与料の額は、被相続人が相続開始の時において有した財産の価額から遺贈の価額を控除した残額を超えることができない。

5　相続人が数人ある場合には、各相続人は、特別寄与料の額に第900条から第902条までの規定により算定した当該相続人の相続分を乗じた額を負担する。

⑥　相続人不存在手続

(1)　相続人不存在制度と相続財産法人

　人が死亡した場合、相続人が誰もいないときもあるし、相続人がいても選択権行使の結果全員が相続を放棄するときもある。死亡前に被相続人の債権債務が整理されていればよいのであるが、被相続人が突然死した場合など、

相続財産はあるが相続債務もある場合がある。そのような場合、相続債権者はどのようにして死者の財産から債権を回収すればいいのか、請求したくても法主体がもはや存在していないのであるから、そのための手続が必要になる。

　民法は、そのような場合に、相続財産法人という法的テクニックを使っている（民法951条）。つまり、相続人の存在が明らかでない場合、死者の生前の財産関係を清算するために、死者の財産上の権利義務を承継するものとして、相続財産自体を法人とすることによって法主体を生み出すこととしているのである。しかし相続財産法人だけでは、清算事務を担当する人間が欠けているのであるから、相続財産清算人を選任して清算事務を行わせることとしている（民法952条以下）。

　相続人不存在の手続は、相続財産清算人による相続人の捜索と財産の清算を骨子とする。相続人が存在することが判明した場合には、自動的に被相続人の権利義務が承継されていることになるのであるから、相続財産法人は存立しなかったものとみなされるが、相続財産清算人が権限内でした行為の効力は維持される（民法955条）。相続人はいないが包括受遺者がいるという場合には、被相続人の権利義務は承継されているのであるから（民法990条）、相続人不存在の手続は開始しない（最判平成9年9月12日民集51巻8号3887頁）。

　家庭裁判所は、相続財産清算人を選任するとともに、6か月以上の期間を定めて、相続人捜索の公告をしなければならない（民法952条2項）。相続人捜索の公告があったときに、相続財産清算人は、すべての相続債権者および受遺者に対して、2か月以上の期間を定めて、請求の申出をすべき旨を公告し（民法957条1項前段）、公告期間が満了すると、①優先権を有する債権者、②期間内に申出をしたまたは相続財産清算人に知られている債権者、③期間内に申出をしたまたは相続財産清算人に知られている受遺者の順に配当弁済される（同条2項）。ここで①の優先権を有する債権者とは、優先権の対抗

要件を相続開始時に備えていなければならないものとされている（最判平成11年1月21日民集53巻1号128頁）。

　特別縁故者制度とは、相続人がいない場合に、相続財産管理人の清算事務が終了してもなお財産が残ったとき、最終的には残った財産は国庫に帰属することになるため（民法959条）、その前に死者と特別な縁故のあった者に財産を分与する制度である（民法958条の2）。

　特別縁故者とは、「被相続人と生計を同じくしていた者、被相続人の療養看護に努めた者その他被相続人と特別の縁故があった者」とされている（民法958条の2）。したがって、必ずしも事実的な夫婦や親子の関係がなくても、財産の分与を請求できる。例えば、療養看護に努めた友人知人や社会福祉法人なども特別縁故者たりうる。財産分与の請求手続としては、最後の相続人捜索期間満了後3か月以内に家庭裁判所に分与の請求をしなければならない（民法958条の2第2項）。

　清算後に残った財産が不動産の共有持分などであった場合、現在の民法255条では、「共有者の1人が、その持分を放棄したとき、又は死亡して相続人がないときは、その持分は、他の共有者に帰属する。」と定めているが、この規定と特別縁故者への財産分与制度のいずれが優先することになるのか問題となったことがある。この点について最高裁は、特別縁故者への財産分与制度が優先するものと判断している（最判平成元年11月24日家月42巻3号48頁）。

　以上の手続をすべて経た後に残った財産は、国庫に帰属することになる（民法959条）。これについては、いつの時点で国庫に帰属するのかが問題となったことがある。その事案としては、残った財産が借地権と建物であったが、特別縁故者への分与審判が確定した時点で残余財産が国庫に帰属するのであれば、相続財産管理人には解除の意思表示を受ける権限がないため、借地権の地代を相続財産管理人が滞納したことによって借地契約を解除することはできないこととなるが、清算の終了時点で残余財産が国庫に帰属するの

であれば、いまだ相続財産管理人の権限は残っているため、借地契約を解除できることとなる、という紛争であった。最高裁は、これにつき、残余財産の引渡が完了した時点で残余財産が国庫に帰属するものとし、借地契約の解除は有効になされたものと判断している（最判昭和50年10月24日民集29巻9号1483頁）。

　以上の手続の流れは次のようになる。

家庭裁判所による相続財産清算人の選任（952条1項）・公告（952条2項）

⇩

相続財産清算人による財産目録の作成等（953条→27条1項等の準用）

⇩

相続財産清算人による債権申出の公告（957条1項）

⇩

債権申出の公告から2ヶ月以上後に債権者・受遺者に対して弁済（957条2項→928条〜935条の準用）

⇩

最後の相続人捜索期間満了後3ヶ月以内に特別縁故者の相続財産の分与請求（958条の2）

⇩

特別縁故者に対する相続財産分与の審判（家事手続204条別表第1の101）

⇩

相続財産清算人に対する報酬付与の審判（953条→29条2項の準用）

⇩

相続財産清算人による残余財産の国庫帰属（959条）

(2)　所有者不明土地問題と相続財産管理制度

　2021（令和 3 ）年の相続法改正は、所有者不明土地が発生しないようにするために、①所有者不明土地を適正に管理するための相続財産管理制度の見直しと、②遺産分割の促進策という 2 つの内容となっていた。②については、遺産分割手続の(4)で述べておいたので、ここでは、①の相続財産管理制度の見直しについて説明する（本稿の部分の立法経緯については、山野目章夫・佐久間毅編『解説・民法・不動産登記法（所有者不明土地関係）改正のポイント』（有斐閣、2023年）286頁以下［西希代子執筆］を参照されたい）。

　この点に関しては、第 1 に、民法897条の 2 に新設された、相続財産保存のための相続財産管理人制度がある。これまでは、相続人が判明している場合の相続財産管理は、基本的に相続人が行い、必要があるときに相続財産管理人を選任していた。また、相続人が不明あるいは不存在の場合の相続財産管理は、相続財産が法人とされて相続財産管理人を選任していた。しかし今後は、遺産分割まで相続財産を保存する管理人（相続財産管理人）と相続財産を清算する清算人（相続財産清算人）に分け、いつでも相続財産管理人を選任することができることとされた。

　これにより、相続財産の管理に関する従前の規定が整理されている（民法918条 2 項 3 項の削除とそれに伴う民法926条の修正、民法936条の文言修正、民法940条の文言修正、民法952条ないし957条の文言修正と期間の短縮など）。

　第 2 に、遺産共有状態における物権法の共有に関する規定を適用するときは、特別受益や寄与分を考慮した具体的相続分による共有持分ではなく、法定相続分・指定相続分による共有持分とすることが規定された（民法898条 2 項）。

(3)　相続人不存在手続と限定承認後の手続

　相続人不存在手続も限定承認後の手続も、同じように相続財産の清算を行う手続であって、求められるプロセスも同様である。まず、財産目録の作成

に始まり、相続財産を管理・処分して、債権申出の公告を行い、債権者に弁済していくこととなる。

　その後の手続には若干の差異があり、限定承認では、プラスの財産が残れば、それは直ちに相続人に帰属することとなるが、プラスの財産が残らなかった場合には、財産がなくなった段階で手続は終了する。相続人不存在手続では、プラスの財産が残れば、特別縁故者への財産分与の申立て段階に入り、さらなる残余財産があれば、国庫に帰属させることとなる。以上をまとめると次のようになる。

	〈限定承認〉	〈相続人不存在〉
①財産目録の作成	民法 924 条	民法 953 条→27 条 1 項
②相続財産の管理	民法 926 条	民法 953 条→27 条、29 条
③相続財産の処分 　と家裁の許可	民法 926 条	民法 953 条→28 条
④債権申出の公告	民法 927 条	民法 957 条
⑤債権者への弁済	民法 929 条	民法 957 条
	⇩	⇩
⑥残余財産の帰属	＋なら相続人に帰属 －なら清算は終了	民法 958 条の 2：特別縁故者への 　　　　　　　　　　財産分与
		⇩
		民法 959 条：さらなる残余は国庫 　　　　　　に帰属

第 7 章
遺 言

① 遺言の有効要件

⑴　要式性

　遺言に関する有効要件には、遺言全般の一般的な有効要件と個々の遺言方式に応じた個別的な有効要件とがある。一般的な有効要件の第1は、要式性である。遺言は、民法に定める方式に従わなければならない（民法960条）。この方式に従わない遺言は無効である。遺言の方式には、普通方式と特別方式がある。遺言の方式の種類によって、それぞれの方式に応じた個別的有効要件を遵守しなければならない。

　なお、秘密証書遺言の要式性を欠いており、秘密証書遺言としては無効である場合でも、封入された遺言証書が自筆証書遺言の要式性を備えていれば、自筆証書遺言として有効になる（民法971条）。いわゆる無効行為の転換理論が適用される一場面に該当する。

⑵　遺言能力

　遺言の一般的な有効要件の第2は、遺言者に遺言能力があることである。遺言も意思表示なのであるから、意思能力がない者のなした遺言は無効である（民法963条）。遺言能力の裁判例については、拙著『事例にみる　遺言能力判断の考慮要素　―心身の状況、遺言の内容、合理性・動機等―』（新日本法規、2023年）を参照されたい。

　遺言能力年齢は、15歳と定められており（民法961条）、未成年者（民法5条）、成年被後見人（民法9条）、被保佐人（民法13条）、被補助人（民法17条）の行為能力制限に関する規定も遺言には適用しないこととされ（民法962条）、民法総則における行為能力の考え方とは異なる定めとなっている。それは、遺言が代理になじまないことに基づいている。

　遺言能力年齢が15歳とされた趣旨については、その沿革からは、専らとい

っていいほど婚姻年齢との関係で考えられていたようである。ただし、婚姻年齢は、明治民法成立時の満15歳から1947（昭和22）年に満16歳へと引き上げられ、2022（令和4）年4月1日からは18歳に引き上げられたが、遺言年齢は引き上げられていない。したがって、遺言年齢が15歳であるのは、身分行為であることに基づくものであるとされている。

　しかしむしろ、現在では、民法961条の遺言能力年齢については、15歳に達した場合には、その自己決定権が最大限に尊重されることに基づくものとみるべきであろう。それは民法制定時の考え方ではないが、現在は、「子どもの権利条約」によって、子どもの意見表明権が保障されており（同条約12条）、それを受けて、人事訴訟法32条4項、家事事件手続法152条、169条、175条などでは、子の監護に関する処分事件の審判等において、15歳以上の子の陳述を聴かなければならないこととしている。民法961条は、これらの規定と合致することとなったのである。

　成年被後見人が判断能力を一時回復した時に遺言するには、医師2人以上の立会いを要し、その医師らが判断能力を欠く状態になかった旨を遺言書に付記して署名押印しなければならない（民法973条）。成年被後見人の遺言については、後見の計算終了前に後見人またはその配偶者もしくは直系卑属の利益となるような遺言をした場合、その遺言は無効となるものとされている（民法966条1項）。

　ただし、後見人が直系血族、配偶者または兄弟姉妹の場合には無効とされない（同条2項）。この規定は、後見人が不当な利益追求を図ることに対する警戒措置である。しかし、後見人の直系尊属の利益となるような遺言が有効とされており、後見人による不当な利益追求は後見人が兄弟姉妹の場合にも問題となりうるがそれも有効とされているのであって、完全な規定とはいいがたい。このような規定よりも、遺言作成プロセスの適正化を図る措置を考えた方がいいのではないかと思われる。

⑶　共同遺言の禁止

　遺言の一般的な有効要件の第3は、共同遺言でないことである。遺言は、2人以上の者が同一の証書ですることはできない（民法975条）。この条文は普通方式の款にあるが、特別方式にも準用されている（民法982条）。遺言では、遺言者の意思表示の自由が確保されなければならないが、共同遺言では自由な撤回ができなくなってしまうからである。

　したがって、共同遺言はすべて無効となる。もっとも、同じ紙に書かれていても、切り離すことで別々の遺言書となる要件を備えている場合には、それぞれが独立な遺言なのであって、共同遺言にはならない（最判平成5年10月19日家月46巻4号27頁）。

　なお、共同遺言であるものの、片方の遺言に方式違背があって無効な場合に、もう片方の遺言だけが有効になるかどうかが問われた事件では、共同遺言の性質は失われていないとして全部が無効とされている（最判昭和56年9月11日民集35巻6号1013頁）。

　遺言事項に関しては、現在の法令では、次のようなものが定められている。

1．相続原則の修正　⑴　相続人の廃除（民法893条）
　　　　　　　　　　⑵　廃除の取消（民法894条2項）
　　　　　　　　　　⑶　相続分の指定（民法902条）
　　　　　　　　　　⑷　相続分の指定の委託（民法902条1項）
　　　　　　　　　　⑸　遺産分割方法の指定（民法908条1項）
　　　　　　　　　　⑹　遺産分割方法の指定の委託（民法908条1項）
　　　　　　　　　　⑺　遺産分割の禁止（民法908条1項）
　　　　　　　　　　⑻　特別受益の持戻免除（民法903条3項）
　　　　　　　　　　⑼　共同相続人の担保責任の分担（民法914条）
　　　　　　　　　　⑽　遺留分侵害額の負担（民法1047条1項2号）

2．遺贈・特定財産　⑴　包括遺贈・特定遺贈（民法964条）

承継遺言　　　　　⑵　特定財産承継遺言（民法1014条2項）

⑶　特定遺贈の受遺者の相続人による特定遺贈の承認・放棄の特則（民法988条ただし書）

⑷　遺贈の受遺者による果実の取得の特則（民法992条ただし書）

⑸　停止条件付遺贈の受遺者の死亡による遺贈の失効の特則（民法994条2項ただし書）

⑹　遺贈の無効・失効の場合の財産の帰属の特則（民法995条ただし書）

⑺　相続財産に属しない権利の遺贈の遺贈義務者の弁償の特則（民法997条2項ただし書）

⑻　遺贈義務者の引渡義務の特則（民法998条ただし書）

⑼　負担付遺贈受遺者放棄後の指示（民法1002条2項ただし書）

⑽　負担付遺贈の価額減少後の指示（民法1003条ただし書）

⑾　配偶者居住権の遺贈による取得（民法1028条1項2号）

⑿　配偶者居住権の存続期間（民法1030条）

3．相続以外の行為　⑴　一般社団法人設立（一般社団法人及び一般財団法人に関する法律152条2項）

⑵　遺言信託の設定（信託法3条2号）

⑶　保険金受取人の変更（保険法44条2項、73条1項）

⑷　著作物の実名登録を受けるべき者の指定（著作権法75条2項）

　4．身分関係行為　　⑴　遺言認知（民法781条2項）

　　　　　　　　　　　⑵　未成年後見人の指定（民法839条1項）

　　　　　　　　　　　⑶　財産管理のみの未成年後見人の指定（民法839条2項）

　　　　　　　　　　　⑷　未成年後見監督人の指定（民法848条）

　　　　　　　　　　　⑸　祭祀承継者の指定（民法897条1項ただし書）

　5．遺言執行行為　　⑴　遺言執行者の指定（民法1006条1項）

　　　　　　　　　　　⑵　遺言執行者の指定の委託（民法1006条1項）

　　　　　　　　　　　⑶　特定財産に関する遺言執行の方法（民法1014条4項）

　　　　　　　　　　　⑷　遺言執行者の復任権の制限（民法1016条1項ただし書）

　　　　　　　　　　　⑸　遺言執行者が数人ある場合の任務の執行（民法1017条1項ただし書）

　　　　　　　　　　　⑹　遺言執行者の報酬（民法1018条1項ただし書）

⑷　自筆証書遺言の有効要件

①　相続財産目録の自書要件の緩和

　自筆証書遺言の有効要件としては、遺言者がその全文、日付、氏名を自書し、これに押印することである（民法968条1項）。ただし、2018（平成30）年の相続法改正によって、相続財産目録の自書要件が緩和された。自筆証書にこれと一体のものとして相続財産の全部又は一部の目録を添付する場合には、その目録については、自書することを要しないが、遺言者は、その目録の毎葉（自書によらない記載がその両面にある場合にあっては、その両面）に署名し、印を押さなければならない（同条2項）。この2項の改正ととも

に、後述の遺言書保管法が制定されている。

　加除訂正や変更も、遺言者がその場所を指示して変更した旨を附記し、そこに署名押印しなければならない（同条3項）。ただし、単に変更したと付記するだけでは、あとで変造されてしまうおそれがある。実務上、よく行われている変更の付記は、「〇字削除、〇字加入」とか「〇字追加」という方式であり、そのように記載しておけば、あとで第三者が追加記入したりできなくなるため、変更を特定しておくことが望ましい。

　したがって、自筆証書遺言の個別的な有効要件としては、①遺産目録を除く全文の自書、②日付の自書、③氏名の自書、④押印の4つになる。

②　押印要件に関する判例

　これらの要件のうち、近年の判例で問題となったのは、押印要件である。押印については、指印・拇印でもよいとされている（最判平成元年2月16日民集43巻2号45頁）。ただし、花押では押印とは認められないと判断された（最判平成28年6月3日民集70巻5号1263頁）。押印の趣旨は、遺言書を作成したことの真正さと遺言書を完成したことを担保することにあるからである。また押印の場所については、自書の氏名下でなく封筒の封じ目でもよいとされた判例がある（最判平成6年6月24日家月47巻3号60頁）。封印されている遺言書では、遺言書と封筒が一体となっていると解することができ、要件緩和の限界として認めていいだろう。

　なお、特殊な事案として、亡命ロシア人の女性が日本に帰化して自筆証書遺言を英文で作成したが、押印はなく、その代わりに欧文のサインが存在するという場合、当該自筆証書遺言の有効性を肯定した最高裁判決がある（最判昭和49年12月24日民集28巻10号2152頁）。この事案では、当該女性は、帰化申請等の官庁提出文書には押印が不可欠であるため押印していたが、その他の私的文書には契約文書などの重要文書であってもサインしかしていなかったという事情があった。そのため、この最高裁判決は、事例判決として位置づけられるとされている。

　この最高裁判決によるならば、花押の場合もサインと同様に考えられるか問題となるが、前掲最判平成28年6月3日の事案における遺言者は、契約文書などの重要な私的文書には、必ず署名押印しており、花押を記載したことはなかったのであるが、送別会等で寄書を頼まれた場合などに花押を記載していたというものである。したがって、前掲最判昭和49年12月24日の事案とは、正反対の事情が認められるのであるから、花押でよいとする特別な事情等は存しなかったといえよう。

③　遺言書保管法

　2018（平成30）年の相続法改正においては、前述したように、自筆証書遺言の目録については自書することを要しないと要件が緩和された（民法968条2項）。要式性の要件が緩和されるということは、変造の危険性が増大するということでもある。同改正では、自筆証書遺言における要式性の要件の緩和とともに、自筆証書遺言の保管制度も創設した。

　自筆証書遺言の保管制度の概要については、遺言者は、自ら法務局に出頭することによって、法務局に無封の自筆証書遺言書の保管を申請することができ、遺言書の返還または閲覧を請求することができるという制度である。遺言書保管法の正式名称は、「法務局における遺言書の保管等に関する法律」である。

　この制度によれば、遺言者が死亡した場合、何人も自己を相続人等とする遺言書を保管している法務局の名称等を証明する書面の交付を請求することができ、遺言書の閲覧や自己を相続人等とする遺言書の画像情報等の証明書を請求することができるとされている（遺言書保管法6条2項・4項、10条）。後者の請求がなされた場合には相続人等に遺言書を保管している旨を通知しなければならないとされている（同9条）。

⑸　公正証書遺言の有効要件　〜公正証書遺言のデジタル化を中心として

　公正証書遺言とは、証人2人以上の立会いのもと、遺言者が遺言の内容を

公証人に口授し、公証人がこの口述を筆記して作成し、遺言者および証人に読み聞かせあるいは閲覧させて、遺言者および証人が筆記の正確なことを承認して署名押印し、公証人も以上を遵守した旨を付記して署名押印するものであるとされていた（2023（令和5）年改正前民法969条）。

　公正証書遺言は、当初は、遺言者の口授・口述が要件とされており、口のきけない者や耳の聞こえない者は利用できなかった。そこで1999（平成11）年の民法改正によって、口がきけない者も、通訳人の通訳による申述または自書によって口述に代えることができるようになった（民法969条の2第1項）。耳が聞こえない者も、通訳人の通訳によって読み聞かせに代えることができるようになった（同条2項）。これらの場合には、公証人はその旨を公正証書に付記しなければならない（同条3項）。

　したがって、公正証書遺言の個別的な有効要件としては、①証人2人以上の立会い、②遺言者による口授あるいは通訳人による申述または自書、③公証人による口述等の筆記、④読み聞かせまたは閲覧あるいは通訳人の通訳、⑤遺言者および証人による承認と署名押印、⑥公証人による付記と署名押印とが民法上定められていた。

　しかし、2023（令和5）年の公証人法の改正によって、公正証書遺言の作成については、公証人法が一般法で民法が特別法という関係になるため、公正証書作成手続全般が公証人法で定められることになったことにより、民法の読み聞かせ等の手続規定は民法から削除されることとなった。したがって、民法に残るのは、①と②だけとなる。

　公正証書遺言のデジタル化については、嘱託人からの申出によって、公証人が相当と認めるときには、法務省令の定めるところにより、映像と音声の送受信により相手の状態を相互に認識しながら通話をすることができる方法によって、公正証書遺言を作成することができるものとされた（公証人法37条2項）。つまり、ウェブ会議方式によって電磁的記録の公正証書遺言を作成することができるわけである。

　そして、公正証書遺言の内容確認についても、嘱託人からの申出があり、かつ、公証人が相当と認めるときには、公証人は、法務省令の定めるところにより、映像と音声の送受信により相手の状態を相互に認識しながら通話をすることができる方法によって、記載または記録の正確なことの承認を得ることができることとされている（公証人法40条3項）。この場合の公証人による付記ならびに署名及び押印については、法務省令で定める方式によることとなるが（同条4項1号）、公証人が電子署名の措置を講ずることが想定されているようである。

　公正証書遺言を作成するに当たっては、証人2人以上の立会いが必要なことに変わりはないのであるが（民法969条1項1号）、電磁的記録の公正証書遺言を作成する場合には、ウェブ会議方式での証人立会いが認められている（公証人法30条、31条、35条、37条2項、38条等）。

　以上のように、視覚障害や聴覚障害のある人がデジタル化された公正証書遺言を作成するに当たっては、通訳人の存在が不可欠となり、通訳人の役割が非常に重要となる。公証人法29条では、公証人は、嘱託人が日本語に通じない場合または嘱託人が聴覚、言語機能もしくは音声機能の障害のため、音声言語により意思疎通を図ることが困難であり、かつ、当該嘱託人が視覚障害その他の障害により視覚により表現を認識することが困難である場合もしくは当該嘱託人が文字を理解することが困難である場合において、公正証書を作成するときは、通訳人に通訳をさせなければならない。また、同法40条2項では、公証人は、公正証書の作成に当たり通訳人に通訳をさせたときは、当該通訳人に公正証書の趣旨を通訳させて、記載または記録の正確なことの承認を得なければならないこととされている。

　デジタル化しない従来型の書面による公正証書遺言の作成手続は、これまでどおりであり、口授または通訳人の通訳が必要であることに変わりはなく、それ自体は民法の定めが残っている（民法969条1項2号、969条の2第1項）。公正証書遺言の内容確認については、公証人法40条で読み聞かせまた

は閲覧を要することとされている。遺言のデジタル化については、大村敦志監修「遺言制度のデジタル化に関する調査研究報告書」（商事法務研究会、2023年）を参照されたい。

 遺言執行

⑴　遺言の検認

　遺言には、常に偽造・変造・隠匿・破棄などのおそれがある。特に自筆証書遺言の場合にはそのおそれが著しい。したがって、遺言書の保存を確実にし、相続開始後の偽造・変造・隠匿・破棄などのおそれを防止するために、遺言書の検認手続が定められている。遺言書の保管者あるいは保管者がいない場合で遺言書を発見した相続人は、相続開始を知った後、遅滞なく家庭裁判所に遺言書を提出して、検認を請求しなければならない（民法1004条1項）。ただし、公正証書遺言の場合には、公証役場に原本が保管されており、変造等のおそれがないため、検認手続は不要とされている（同条2項）。また、2018（平成30）年の相続法改正の際に制定された遺言書保管法に基づいて遺言書保管所に保管されている自筆証書遺言についても、変造等のおそれはないため、検認は不要である（遺言書保管法11条）。

　検認手続は、相続開始後の偽造・変造・隠匿・破棄などのおそれに対する証拠保全手続である。検認は、家庭裁判所の審判事項である（家事手続別表第一103項）ので、家庭裁判所書記官は、遺言書の検認について、調書を作成しなければならないが（同211条）、検認手続は、遺言が遺言者の真意に基づくものかどうか、遺言が有効かどうか等について判断するものではない。

　遺言書が封印してある場合、すなわち秘密証書遺言か封印のある自筆証書遺言である場合、当該遺言書は家庭裁判所において相続人またはその代理人の立会いのもとに開封しなければならない（民法1004条3項）。ただし、以上の規定に違反した場合であっても、5万円以下の過料という制裁があるに

すぎない（民法1005条）。

　検認手続については、家事事件手続規則113条ないし116条に詳細に定められている。検認期日には、相続人等の立ち会いを求め、家庭裁判所は、検認期日を指定して申立人や相続人に通知する（同規則115条）。家庭裁判所は、遺言の方式に関する一切の事実を調査しなければならない（同規則113条）。検認期日には、封印してある場合には開封し、遺言書の外部的状態について見分を行い、立ち会った申立人や相続人に対して、遺言書の発見場所・その後の保管状況・遺言者の筆跡かどうか・遺言者の印鑑かどうかなどについて審問する。裁判所書記官は、検認調書を作成しなければならず（家事手続211条）、検認の結果が調書に記載される（家事事件手続規則114条）。そして、封筒や遺言書の写しが取られ、遺言書検認調書の末尾に添付される。

　民法1005条は、「遺言書を提出することを怠り、その検認を経ないで遺言を執行し、又は家庭裁判所外においてその開封をした者」に対して、過料の制裁を課すことを定めているが、検認手続を経ないで遺言の執行がなされた場合であっても、証拠保全手続が懈怠されただけであるため、遺言の効力には影響がない。

(2)　遺言の執行

①　遺言執行者の指定

　遺言執行者は、遺言をもって指定することができ、遺言をもって遺言執行者の指定を第三者に委託することもできる（民法1006条1項）。遺言執行者の指定の委託を受けた者は、遅滞なく、その指定をして、相続人に通知しなければならない（同条2項）。遺言執行者の指定の委託を受けた者がその委託を辞そうとするときも、遅滞なく相続人に通知しなければならない（同条3項）。

　遺言執行者がいないときまたはなくなったときには、家庭裁判所が利害関係人の請求に基づいて遺言執行者を選任する（民法1010条）。また、遺言執

行者は 1 人に限られているわけではなく、複数でもよい（民法1017条）。遺言執行者が数人ある場合には、その任務の執行は、過半数で決することとされているが（同条 1 項）、保存行為は各遺言執行者が単独でできる（同条 2 項）。

　遺言執行者の欠格事由対象者は、未成年者と破産者のみである（民法1009条）。他の行為能力が制限されている者は、欠格事由対象者とはされていない。これは、ノーマライゼーションの一環として、資格制限条項の見直しに基づくものである。しかし、遺言執行者に選任された者が行為能力制限に係る審判を受けた場合、遺言執行の職責を全うできそうにないときは解任事由に該当すると解されている。遺言執行者には、弁護士が指定される場合も多いが、相続人の 1 人が指定されることもある。

　遺言執行者に指定された者は、就職を拒絶できる。相続人その他の利害関係人は、遺言執行者に対して、相当の期間を定めて就職を承諾するかどうかについての催告権を有し、遺言執行者がその期間内に確答しないときは、就職を承諾したものとみなされる（民法1008条）。

② 遺言執行者の地位

　遺言執行者がその権限内において遺言執行者であることを示してした行為は、相続人に対して直接にその効力を生ずる（民法1015条）。民法1015条は、2018（平成30）年の相続法改正によって改正された条文であり、改正前の民法1015条は、「遺言執行者は、相続人の代理人とみなす。」というものであったため、解釈論上の問題を生じていた。したがって、上記のように改められたものである。

　本来、遺言執行者の制度趣旨は、遺言者の権利義務を包括承継した相続人が遺言を実現すべき義務を負う立場にあるため、遺言執行者は相続人の代理人とみなすとされていたのであるが、遺言内容には相続人の利益に反していることにより相続人による公正な執行が期待できないものが多々含まれており、代理人とみなすという条項の解釈は困難であった。

　2018（平成30）年の相続法改正によって、民法1015条が上記のように相続人に対して直接にその効力を生ずるものと改められ、民法1012条１項も、遺言執行者の権利義務は、「遺言の内容を実現するため」に存することが明記された。そして、これによって遺言執行行為に関する基本的な考え方が示されたのであるが、依然としてそれは抽象的に示されているだけであって、今後の解釈によって遺言執行行為として必要な範囲を確定していかなければならない。

③　遺言執行者の権限

　遺言執行者の権限については、遺言の内容を実現するため、相続財産の管理その他遺言の執行に必要な一切の行為をする権利義務を有しているとされているわけであるが（民法1012条１項）、この権利義務の範囲をどのように考えればいいかが問題となる。特に、預貯金口座を解約できるのか、貸金庫の開扉請求はなしうるのかなどが問題となる。

　貸金庫の開扉に関しては、遺言執行者ではなく、相続人が開扉権利者であるとも考えられる。したがって、貸金庫の中に遺言執行に必要な物を保管している場合には、遺言の特記事項として、遺言に遺言執行者の職務として貸金庫の開扉が明記されている場合は、遺言執行者が貸金庫の開扉権限を有することが認められている。

　相続財産を保全しておくための行為を超える内容の管理行為や処分行為がどこまで認められるのかも問題である。もっとも、遺言者が必要と考える場合、ここでも遺言書に特記事項として遺言執行者の職務を規定しておけば、遺言執行者が相続人に対して遺言の目的となっている財産を管理したり引き渡したりするよう求めることができると解されている。

　遺言内容が相続財産のうち特定財産に関する場合には、遺言執行者の権限はその財産のみに及ぶ（民法1014条１項）。この条文にも、2018（平成30）年の相続法改正によって、２項ないし４項が新設された。特定財産承継遺言があったときは、遺言執行者は、共同相続人が民法899条の２第１項に記載

する対抗要件を備えるために必要な行為をすることができる（民法1014条2項）。

　特定財産承継遺言の財産が預貯金である場合には、遺言執行者は、共同相続人が民法899条の2第1項に記載する対抗要件を備えるために必要な行為のほか、その預金又は貯金の払戻しの請求及びその預金又は貯金に係る契約の解約の申入れをすることができる（民法1014条3項）。ただし、解約の申入れについては、その預貯金債権の全部が特定財産承継遺言の目的である場合に限る（同条3項ただし書）。なお、2項・3項の規定にかかわらず、被相続人が遺言で別段の意思を表示したときは、その意思に従うものとされている（同条4項）。

　遺言執行者の復任権は遺言に許容する旨の意思表示がない限り制限されていたが、これも2018（平成30）年の相続法改正によって、遺言執行者は、自己の責任で第三者にその任務を行わせることができると改正された（民法1016条1項）。ただし、第三者に任務を行わせることについてやむを得ない事由があるときは、遺言執行者は、相続人に対してその選任及び監督についての責任のみを負うものとされている（同条2項）。

④　遺言執行者の任務

　遺言執行者は、就職後直ちに任務を行わなければならず（民法1007条1項）、任務を開始したときは、遅滞なく、遺言の内容を相続人に通知しなければならない（同条2項）。そして、財産目録を遅滞なく作成して相続人に交付し（民法1011条1項）、相続人の請求があるときは、その立会いをもって相続財産の目録を作成し、または公証人に相続財産の目録を作成させなければならない（同条2項）。

　包括受遺者は、相続人と同一の権利義務を有するので（民法990条）、相続人と同一の財産目録の交付を受けることとなるが、特定遺贈の受遺者は自分が受ける特定財産のみの財産目録の交付に限られるものと解されている。

　遺言執行者の相続財産目録の作成交付が不十分であるとして、遺言執行者

の解任請求又は遺言執行者に対する損害賠償請求がなされた事案は多い。大阪高決平成17年11月9日家月58巻7号51頁（目録作成交付及び報告義務違反に基づく解任請求事案で、請求を却下）、東京高決平成19年10月23日家月60巻10号61頁（目録作成交付及び不公正に基づく解任請求事件で、請求を認容）、東京地判平成19年12月3日判タ1261号249頁（目録作成交付及び報告義務違反に基づく損害賠償請求事案で、請求一部認容）、東京家審平成23年5月31日家月64巻6号142頁（目録作成交付違反に基づく解任請求事案で、請求を却下）などがある。

　遺言で遺贈がなされた場合、遺言執行者があるときには、相続人は相続財産の処分が禁止されているため（民法1013条1項）、遺贈の履行は、遺言執行者のみが行うことができる（民法1012条2項）。これは、遺言執行者を遺贈義務者としているものではなく、相続人等の遺贈義務者の負っている遺贈義務を遺言執行者が履行するという関係になる。相続人が不存在等の場合には、相続財産法人が遺贈義務者であって、遺言執行者は相続財産法人の負っている遺贈義務を履行するという関係になる。このような理解は、遺言執行者の任務というにふさわしいであろう。遺言執行者が以上の遺言執行者としての任務を怠ったときには、利害関係人は家庭裁判所に解任を請求することができることになる（民法1019条1項）。

　特定財産承継遺言に関する判例では、特定財産承継遺言が相続人に対して直接的な物権的効果をもたらすことを前提として、遺言の目的となっている不動産を相続人に引き渡す義務等を負わないと解されると判示していたのであるが、そこには、「遺言書に当該不動産の管理及び相続人への引渡しを遺言執行者の職務とする旨の記載があるなどの特段の事情のない限り」という前提が付されていた（最判平成10年2月27日民集52巻1号299頁）。そうすると、遺言に特記事項として遺言執行者の職務を規定しておけば、遺言執行者には、遺言の目的となっている財産を相続人に引き渡す職務が含まれていると認められるのであり、民法1014条4項の規定にはそのような趣旨が含まれ

ていると解されている。

　2018（平成30）年の相続法改正では、遺言執行者の権利義務規定（民法1012条1項）、遺贈執行の遺言執行者のみの履行義務規定（同条2項）の条文に続けて、遺言執行者には、委任における受任者の注意義務、報告義務、費用償還等の規定が準用されている（同条3項）。したがって、遺言執行者は、遺言執行行為によって受領した金銭その他の物や果実などの受取物を相続人等に引き渡さなければならない。

　民法1012条3項は、遺言執行者が相続人及び包括受遺者に対して善管注意義務を負うことを規定しているものと解される。特定遺贈の受遺者については、受遺者が遺言執行者に対して遺贈の履行を請求できるのであるから、遺言執行者に任務懈怠その他の不履行行為があれば、受遺者の履行請求権に基づいて、遺言執行者の責任を問うことができるとされている。

　それらの条項に基づく遺言執行者の善管注意義務違反が問われた事例としては、東京地判平成30年3月8日（平成28年（ワ）26455号）（動産処分につき遺産管理の善管注意義務違反に基づく損害賠償請求事案で、請求棄却）、東京地判令和3年2月18日（平成31年（ワ）11182号）（預託金返還、配当金交付等に基づく損害賠償請求事案で、請求棄却）などがある。

　遺言執行者がある場合には、相続人は遺言の執行を妨害する行為をすることができない（民法1013条1項）。この条文の効力についても争いがあったため、2018（平成30）年の相続法改正によって、同条に2項と3項が新設された。相続人が遺言執行妨害行為をしたときは、その行為は無効とされるが、善意の第三者には無効を対抗できないこととし（同条2項）、相続人の債権者が差押え等の権利行使をすることは妨げない旨の規定が設けられている（同条3項）。

　つまり、遺言執行者がある場合、相続人が遺言執行の妨害行為（正当な権利行使である差押え等は、妨害行為とはならない。）を行ったときは、遺言執行者は、当該妨害行為の相手方が善意の第三者であれば、当該妨害行為が

無効であることを対抗しえないが、相手方が悪意の第三者であれば当該妨害行為が無効であることを対抗できることとなる。

　なお、遺言執行者が遺言執行に必要とされる合理的期間を超えて任務を懈怠した場合には、遺言執行者の指定を受けた者が具体的に就職拒絶の意思を表示していなくとも、法的にはこれを拒絶したものと同視して、民法1013条の適用は排除されると解すべきであるとした裁判例がある（仙台高判平成15年12月24日判時1854号48頁）。

⑤　遺言執行者の費用・報酬

　遺言執行の費用は相続財産の負担となるが、遺留分を減ずることはできない（民法1021条）。また、遺言執行者は報酬請求権を有しており、遺言に報酬が定められていない場合には、家庭裁判所が報酬を定める（民法1018条1項）。その場合においては、委任の規定が準用される（同条2項）。

　2018（平成30）年の相続法改正によって、特定財産承継遺言の目的不動産の対抗要件具備のための登記手続については、一方で、遺言執行者が権限を有することが明文化され（民法1014条2項）、遺言執行者が単独申請で行うことができるとされている。しかし他方で、平成3年4月19日の最高裁判決（民集45巻4号477頁）によれば、受益相続人自身も登記手続を単独申請で行うことができるとされてきた。

　そうすると、遺言執行者が対抗要件具備行為をしたときは、その登記手続費用は、遺言執行費用に含まれることとなるが、受益相続人自身が対抗要件具備行為をしたときは、それも遺言執行費用に含まれるのだろうか。この点については議論があるが、遺言者は、民法1014条4項によって別段の意思表示が可能なのであるから、遺言書に当該行為者や費用負担者についても記載しておくべきだろう。

⑥　遺言執行者の任務終了

　遺言執行者が任務を怠ったときその他正当な事由があるときは、利害関係人は家庭裁判所に解任を請求することができる（民法1019条1項）。正当な

事由があるときとは、遺言執行者に帰責事由があることを意味しているのではなく、遺言執行者に帰責事由がなくても、遺言執行者が職務を果たせないことを意味しているというべきであろう。

遺言執行者の解任が認められた事案としては、例えば、共同相続人から求めがあったにもかかわらず、預貯金等の相続財産の管理方法、管理状況を報告しなかった点で、遺言執行者には、任務の懈怠があり、また、共同相続人が遺留分減殺請求を行使したことを認識しながら、無断で受益相続人のために預貯金等の払戻し等を行うなど、遺言執行者としての職務遂行の適正性、公平性を欠くとともに、遺言者に対して背信的と評価すべき事務処理をしており、解任につき正当な事由があると判断した裁判例がある（東京高決平成19年10月23日家月60巻10号61頁）。

また逆に、正当な事由があれば遺言執行者が家庭裁判所の許可を得て辞任することもできる（民法1019条2項）。これらの任務終了の場合においても、委任終了後の規定が準用される（民法1020条）。

遺言執行者の解任請求があったときは、家庭裁判所は、遺言執行者の陳述を聴いた上で（家事手続210条1項1号）、解任の審判をすることとなる（同213条1号）。遺言執行者の解任の申立てがあった場合において、遺言の内容の実現のため必要があるときは、家庭裁判所は、当該申立てをした者の申立てにより、遺言執行者の解任の申立てについての審判が効力を生ずるまでの間、遺言執行者の職務の執行を停止し、又はその職務代行者を選任することができる（同215条1項）。

③ 遺留分

(1) 金銭債権化

相続に関して、自己の保有する財産につき、死後の自己決定権を保障しようというのが遺言制度である。民法は、遺言の自由と遺言撤回の自由を保障

しているが、配偶者、子、直系尊属に一定額の侵害額を保障する制度も同時に認めており、遺言の自由に経済的な制約を課していることとなる。この制約制度が遺留分制度である。

　遺留分制度の沿革については、ゲルマン＝フランス法型とローマ＝ドイツ法型があるとされており、前者は、被相続人が自由に処分できる割合額（自由分）を定め、残りは相続人の資格を有する者に遺産に対する一定の権利を保障する型である。後者は、被相続人が近親者に残さなければならない割合額（義務分）を定め、遺産に対する権利ではなく、一定額の金銭で補償請求する権利を保障する型である。現行民法の遺留分制度は、基本的な骨格はゲルマン＝フランス法型を受継していたが、2018（平成30）年の相続法改正によって、遺留分権は金銭債権化されたため、ローマ＝ドイツ法型に転換したことになる。

(2)　遺留分権者・遺留分率

　遺留分権者は、兄弟姉妹以外の相続人、つまり、配偶者、子、直系尊属である（民法1042条１項）。遺留分権者は、相続人でなければならないため、相続欠格者、相続を排除された者、相続を放棄した者は、遺留分権者とはならない。

　遺留分について、民法は、遺留分全体の割合（総体的遺留分）を、直系尊属のみが相続人である場合には被相続人の基礎財産の３分の１、それ以外の場合には被相続人の基礎財産の２分の１と定め（民法1042条１項）、各遺留分権利者の法定相続分の割合を乗じて、各遺留分権利者の遺留分（個別的遺留分）を算定することとしている（民法1042条２項による民法900条、901条の準用）。

⑶ 遺留分侵害額の計算

① 基礎財産の計算

　基礎財産の計算は、［被相続人が相続開始時に有した財産＋贈与した財産－相続債務の全額］という計算式になる（民法1043条１項）。なお、条件付きの権利または存続期間の不確定な権利は、家庭裁判所が選任した鑑定人の評価に従って、その価格を定めるものとされている（同条２項）。

　上記計算式のうち、被相続人が相続開始時に有した財産には問題はないが、贈与した財産については、いくつかの定めがある。まず、相続開始前１年間にした贈与は全て財産に含まれる（民法1044条１項前段）。次に、当事者双方が遺留分侵害を知ってなした贈与も含まれる（同項後段）。さらに、相続人に対する特別受益は、10年間分だけ算入することになる（民法1044条３項）。これは、判例（最判平成10年３月24日民集52巻２号433頁）で特別受益を全部算入することとされていたものを、2018（平成30）年の相続法改正で、10年間のものに限定したものである。

　なお、近年の判例で、共同相続人間でなされた相続分の無償譲渡は、当該相続分に財産的価値がない場合を除き、譲渡人を被相続人とする相続において、遺留分算定の基礎に算入される特別受益となる「贈与」に当たるとされている（最判平成30年10月19日民集72巻５号900頁）。

　負担付贈与がされた場合における民法1043条１項に規定する贈与した財産の価額は、その目的の価額から負担の価額を控除した額とする（民法1045条１項）。不相当な対価をもってした有償行為は、当事者双方が遺留分権利者に損害を加えることを知ってしたものに限り、当該対価を負担の価額とする負担付贈与とみなす（同条２項）。

　基礎財産の計算式は、次のようになる。

```
基礎財産＝
  被相続人が相続開始時に有した財産  ＋  贈与した財産  －  相続債務

      ↓
  ア）相続開始前１年間にした贈与
  イ）当事者双方が遺留分権利者に損害を加えることを知ってした贈与
  ウ）相続人に対する相続開始前10年間の特別受益としての贈与
```

②　遺留分侵害額の算定

　遺留分侵害額の算定に関しては、［遺留分侵害額＝遺留分額（基礎財産×個別的遺留分率）－特別受益分を含む遺留分権利者が取得すべき遺産の総額＋遺留分権利者承継債務額］という計算式になる（民法1046条２項）。この計算には、寄与分（民法904条の２）が含まれない（民法1046条２項２号は民法904条の２を引用していない。）。

　遺留分侵害額の計算は、次のようになる。

```
遺留分侵害額＝遺留分（基礎財産×個別的遺留分率）
      －遺留分権利者が受けた遺贈または特別受益額
      －遺留分権利者が取得すべき遺産の価額
      ＋遺留分権利者が承継する債務額
```

③　遺留分侵害額の負担

　受遺者または受贈者は、遺贈（特定財産承継遺言による財産の承継または相続分の指定による遺産の取得を含む。）または贈与（遺留分を算定するための財産の価額に算入されるものに限る。）の目的の価額（受遺者または受贈者が相続人である場合にあっては、当該価額から民法1042条の規定による

遺留分として当該相続人が受けるべき額を控除した額）を限度として、遺留分侵害額を負担する（民法1047条1項）。

遺留分侵害額の負担の順序は、受遺者と受贈者とがあるときは、受遺者が先に負担し（同項1号）、受遺者が複数あるときまたは受贈者が複数ある場合においてその贈与が同時にされたものであるときは、受遺者または受贈者がその目的の価額の割合に応じて負担する。ただし、遺言者がその遺言に別段の意思を表示したときは、その意思に従うことになる（同項2号）。それ以外の受贈者が複数あるときは、後の贈与に係る受贈者から順次前の贈与に係る受贈者が負担する（同項3号）。

④ **遺留分の消滅**

相続前の遺留分の放棄は、家庭裁判所の許可を受けたときに限り、有効となる（民法1049条1項）。相続開始後の遺留分の放棄は、遺留分権利者が自由にすることができ、何も権利行使しないでいれば、遺留分侵害額請求権が時効消滅する。共同相続人の一人が遺留分を放棄したとしても、他の共同相続人の遺留分には影響はない（同条2項）。しかし、他の共同相続人が相続を放棄したときは、その共同相続人は最初から相続人ではなかったことになるため（民法939条）、その結果として、他の共同相続人の個別的遺留分率が増えることになる。

遺留分侵害額請求権は、遺留分権利者が相続の開始及び遺留分を侵害する贈与または遺贈があったことを知った時から1年間行使しないときは、時効によって消滅する（民法1048条前段）。相続開始の時から10年を経過したときも、同様に消滅する（同条後段）。

あ と が き

　本書では、家族法を、婚姻、離婚、親子、親権、後見・扶養、法定相続、遺言に分けてそれぞれの分野における立法と解釈の変遷を検討してみた。筆者の能力が不十分であるにもかかわらず、できる限り簡略化して解説しようとしたために、不十分な内容となっているかもしれない。また、あまり見かけない法令や資料に関しては、できるだけ多く引用して、さらなる検索をしなくてもよいように工夫しようとしたつもりであるが、かえってわずらわしくなってしまったかもしれない。

　そのような限界はあるかもしれないが、この約30年間にわたる家族法の変動状況を、少しは的確に表現することができたのではないかとは思っている。家族法を取り扱っている法律実務家は、事件担当中は当該問題に関しては非常に詳しくなっているが、事件が終了してしまうと、その問題は過去のものとなって遠ざかっていく。したがって、本書のような解説書が少しは役に立つのではないかと思う。また、これから家族法を勉強する人たちにとっては、これまでの家族法の変遷を振り返ってみる概説として少しは役に立つのではないかと思う。

　本来ならば、もっと重厚な体系的な解説のほうが望ましいのかもしれないが、筆者の能力不足や出版事情などから、本書はより簡便な方法を選んでいる。とはいうものの、本書の内容に不十分なところがないようにするために、担当編集者の稲葉唯氏には細かくチェックしていただいた。また、株式会社恒春閣の市倉泰社長には、熱心に執筆をお勧めいただいた。お二方に感謝申し上げたい。本書が少しでも家族法実務の現場で役に立つことがあれば幸いである。

2024（令和6）年12月

明治大学専門職大学院法務研究科教授・弁護士

平田　　厚

判 例 索 引

【著者紹介】

平田　厚 (ひらた　あつし)

明治大学専門職大学院法務研究科教授・弁護士

[経歴]

1985年3月　東京大学経済学部卒業
1990年4月　第二東京弁護士会登録
2004年4月　明治大学法科大学院専任教授就任
2012年3月　日比谷南法律事務所設立。

[主な著書]

『お墓の法律Q＆A』（有斐閣、1994年、共著）

『大地震に伴う借地借家法Q＆A』（日本法令、1995年、共著）

『死にぎわの法律Q＆A』（有斐閣、1996年）

『新しい福祉的支援と民事的支援』（筒井書房、2000年）

『介護保険サービス契約書の実務解説』（日本法令、2000年）

『定期借家法の解説と法律実務Q＆A』（日本法令、2000年）

『これからの権利擁護』（筒井書房、2001年）

『知的障害者の自己決定権（増補版）』（エンパワメント研究所、2002年）

『社会福祉法人・福祉施設のための実践・リスクマネジメント』（全社協、2002年）

『Q＆A土壌汚染対策法解説』（三省堂、2003年）

『家族と扶養』（筒井書房、2005年）

『これで納得！成年年齢　18歳成人論の意味と課題』（ぎょうせい、2009年）

『親権と子どもの福祉』（明石書店、2010年）

『虐待と親子の文学史』（論創社、2011年）

『権利擁護と福祉実践活動』（明石書店、2012年）

『建築請負契約の法理』（成文堂、2013年）

『借地借家法の立法研究』（成文堂、2014年）

『プラクティカル家族法』（日本加除出版、2014年）

『社会福祉と権利擁護』（有斐閣、2015年、共著）

『福祉現場のトラブル・事故の法律相談Q＆A』（清文社、2015年）

『新しい相続法制の行方』（きんざい、2015年）

『独占禁止法の法律相談』（青林書院、2016年、共著）

『審判例にみる家事事件における事情変更』（新日本法規、2017年）

『判決例・審判例にみる婚姻外関係　保護基準の判断』（新日本法規、2018年）

『介護・医療現場が知っておくべき認知症高齢者への対応と法律問題』（新日本法規、2019年、共著）

『改正相続法対応　Q＆A相続財産をめぐる第三者対抗要件』（新日本法規、2019年）

『介護事故の法律相談』（青林書院、2019年）

『詳解　国際家事事件の裁判管轄』（日本加除出版、2019年、共著）

『子の親権・監護・面会交流の法律相談』（青林書院、2019年）

『民事における意思能力の判断事例集』（新日本法規、2020年）

『婚姻費用・養育費・財産分与の法律相談』（青林書院、2020年）

『成年後見ハンドブック』（法曹会、2020年）

『子の利益に適う離婚協議』（第一法規、2021年）

『終活と相続・財産管理の法律相談』（青林書院、2022年）

『遺言執行と条項例の法律実務』（青林書院、2022年）

『「面会交流実施要領」から理解する面会交流の条件・条項』（第一法規、2022年）

『事例にみる遺言能力判断の考慮要素』（新日本法規、2023年）

『児童虐待に向き合う弁護士業務のすべて』（第一法規、2024年）

『類型別　慰謝料算定の実務Ⅰ・Ⅱ』（青林書院、2024年）など多数。

移り変わる家族法

―家族法30年の歩み―

2024年12月13日　初版第 1 刷印刷
2024年12月19日　初版第 1 刷発行

著　者　平　田　　　厚

発行者　市　倉　　　泰

発行所　株式会社 恒　春　閣

〒114-0001　東京都北区東十条 6 - 6 - 18
tel. 03 - 6903 - 8563・fax. 03 - 6903 - 8613
https://www.koshunkaku.jp

ISBN978-4-910899-17-6
定価：3,300円（本体：3,000円）

印刷／日本ハイコム株式会社

〈検印省略〉
Koshunkaku Co., Ltd.
Printed in Japan